도구와 기계

세상을 바꾼 놀라운 테크놀로지의 세계!

사이먼 바셔 그림 | 댄 그린 지음 | 이섬민 옮김

해나무

그린이 사이먼 바셔
아티스트 사이먼 바셔는 창조적이면서도 감각적인 캐릭터들과 작품으로 유명한 아티스트이다.
영국, 미국, 유럽, 아시아에서 전시회를 여는 등 활발한 활동을 펼치고 있다. 그의 작품들은 www.basherscience.com에서 볼 수 있다.

글쓴이 댄 그린
댄 그린은 전문적인 과학 저술가이자 편집자로 활동하고 있으며, 저서로는 『재미있는 물리』 『재미있는 생물』 『재미있는 화학』 등이 있다.
케임브리지 대학교에서 지질학을 공부했다.

옮긴이 이섬민
정보통신 관련 매체에서 기자로 일했으며, 현재 전문 번역가로 활동하고 있다. 옮긴 책으로는 『멀티미디어』 『라이팅 파워』 『지구재앙보고서』
『시간에 대한 열 가지 생각』 『세상에서 가장 아름다운 도서관』 『세상을 훔친 지식 설계도, 다이어그램』 등이 있다.

Basher Science : Technology
Text and Design Copyright © Toucan Books Ltd. 2012
Illustration Copyright © Simon Basher 2012
All rights reserved.

First published 2012 by Kingfisher, an imprint of Macmillan Children's Books.

Korean translation Copyright © Bookhouse Publishers Co., 2018.
Korean translation rights arranged with Macmillan Publishers International Limited through EYA (Eric Yang Agency).
Printed in China.

이 책의 한국어판 저작권은 에릭양 에이전시를 통해 Macmillan Publishers Limited와 독점 계약한 (주)북하우스 퍼블리셔스에 있습니다.
저작권법에 의해 한국 내에서 보호를 받는 저작물이므로 무단전재와 복제를 금합니다.

초등 교양 지식 시리즈
뚝딱뚝딱 도구와 기계
초판 발행 2018년 5월 15일

그린이 사이먼 바셔 | 글쓴이 댄 그린 | 옮긴이 이섬민 | 펴낸이 김정순 | 책임편집 허영수 이보영 | 디자인 박수연 모희정
펴낸곳 (주) 북하우스 퍼블리셔스 | 출판등록 1997년 9월 23일 제406-2003-055호 | 주소 04043 서울시 마포구 양화로 12길 16-9(서교동 북앤빌딩)
전자우편 henamu@hotmail.com | 전화번호 02) 3144-3123 | 팩스 02) 3144-3121

ISBN 978-89-5605-953-2 74080 / 978-89-5605-949-5 (세트)

이 도서의 국립중앙도서관 출판시도서목록(CIP)은 서지정보유통지원시스템 홈페이지(http://seoji.nl.go.kr)와
국가자료공동목록시스템(http://www.nl.go.kr/kolisnet)에서 이용하실 수 있습니다. (CIP제어번호: CIP2018002621)

어린이제품 안전특별법에 의한 기타표시사항
제품명 도서 | 제조자명 (주)북하우스 퍼블리셔스 | 전화번호 02-3144-3123
주소 04043 서울시 마포구 양화로 12길 16-9(서교동 북앤빌딩) | 제조년월 2018년 5월 15일 | 사용 연령 11세 이상

:: 차례

들어가는 말   4

1장 세상을 움직이는 기계들   6
2장 집돌이 친구들   24
3장 어마어마한 재료들   44
4장 폼 나는 장치들   60
5장 슈퍼테크 부대원들   74
6장 에너지 마법사와 힘돌이들   100

용어 설명   124
찾아보기   127

들어가는 말
기술

기술은 우리 주변 어디서나 반짝반짝 총총 빛나면서 우리에게 눈짓하고 있어요. 한번 보세요. 인간이 만든 물건 가운데 발명이 아닌 게 있던가요! 기술은 어떤 문제를 해결하거나 일을 쉽게 할 수 있게 해 주지만 우리가 즐겁게 노는 데에 도움을 주기도 해요. 그리고 기술은 항상 미래를 생각하며 과학과 만나 더 쓸모 있는 재료와 더 좋은 기계를 만들어 낸답니다.

세상 모든 발명가들의 큰 조상은 고대 그리스의 괴짜 천재 아르키메데스(기원전 287~212 무렵)예요. 아르키메데스는 요즘으로 치면 '장비 고수'이기도 해요. 아르키메데스는 항상 자신을 큰 수학자라고 생각했기 때문에 이 말에 크게 실망할지도 모르겠네요. 하지만 그는 발명의 길을 멈추지 않았어요. '아르키메데스의 나사'는 오늘날에도 물을 끌어올리는 데 쓰이고, 배를 나아가게 하는 프로펠러의 원리이기도 해요. 아르키메데스의 '살인 광선'은 태양 에너지를 집중시켜 로마 배를 불태웠고, 거대한 갈고리는 로마 배들을 걸어 가라앉혔어요. 옛날 옛적의 첨단 기술은 전투 마차나 풀로 만든 배 같은 것들이었어요. 하지만 앞으로는 공중에 뜨는 신발, 저절로 깨끗해지는 옷, 원격 조종되는 비 같은 것이 등장할지 누가 알겠어요.

아르키메데스

1장
세상을 움직이는 기계들

이 작고 놀라운 것들은 아주 오래전부터 인류와 함께해 왔어요. 그럴 만한 이유가 있었답니다. 이들은 우리의 수고를 덜어 주는 생활 속 슈퍼맨들이거든요. 덕분에 우리는 무거운 짐을 힘들이지 않고 옮길 수 있어요. 비밀이 뭐냐고요? 작은 힘을 큰 힘으로 바꾸는 것이지요. 그래서 작은 나사와 지레만으로도 자동차를 들어 올릴 수 있어요. 이제 이 자그마한 영웅들이 어떻게 활약하는지 알아볼 거예요. 이들이 없으면 그 어떤 기계도 일을 할 수 없어요! 자, 그 활약을 구경할 준비가 됐나요?

바퀴와 축

기어

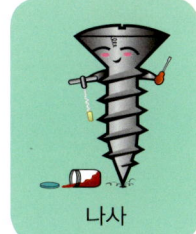
나사

랙과 피니언

베어링

지레

도르래

유압 장치

용수철

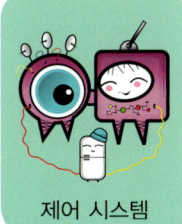
제어 시스템

바퀴와 축
■ 세상을 움직이는 기계들

☀ 막대처럼 생긴 축에 둥근 바퀴가 연결돼요.
☀ 이 둘이 하나가 되어야 탈것이 나아갈 수 있어요.
☀ 미끄러지는 것보다 구르는 것이 힘이 덜 들어요.

자, 이제 슬슬 굴려 볼까요! 우리 둘은 사람들이 이동하는 데 없어서는 안 될 환상의 단짝이에요. 인력거와 경주차, 킥보드, 스케이트보드, 뭐든 다 그래요. 둥근 모양 덕분에 굴러가는 모든 것이 우리의 운동 기술을 써먹고 있어요. 우리는 좀 구를 줄 알거든요!

바퀴들이 공장의 컨베이어 벨트, 무빙워크(자동보도), 공항의 가방 회수대 같은 곳에서 얼마나 중요한 역할을 하는지 생각해 보세요. 별것 아니게 생겼는데 말이죠. 물론 바퀴가 모든 일을 하지만, 핑핑 도는 바퀴를 기계 장치에 연결하는 튼튼한 회전축이 없으면 바퀴도 쓸모가 없어요. 대개 바퀴 한가운데에 회전축이 자리 잡고 있어서 바퀴가 자유롭게 돌 수 있는 거예요. 회전축이 바퀴의 한가운데가 아닌 곳에 있으면 캠이라는 특수한 장치가 돼요. 캠은 바퀴처럼 도는 동안 위아래로도 움직임을 만들어 내지요. 잡아끌면 까딱까딱 움직이는 흔들 인형처럼 말이에요. 자, 돌리고!

● 바퀴와 축의 첫 만남: 기원전 3500년 무렵(전투 마차)
● 바퀴와 축의 응용 장치: 물레바퀴, 문손잡이, 회전식 거품기, 낚시 얼레
● 세계 최초의 대관람차: 1893년(시카고 세계 박람회)

바퀴와 축

기어
■ 세상을 움직이는 기계들

✹ 기계 한 부분의 운동을 다른 부분으로 전달해요.
✹ 기어를 돌리면 여기에 물려 있는 기어도 함께 돌아요.
✹ 빠르기를 바꾸거나 힘의 이득을 얻을 수 있어요.

우리는 동력을 바퀴로 전달하는 일을 해요. 동력을 한 번 걸어만 주면 정말 근성 있게 열심히 돌죠. 시계 장치처럼 우리가 일단 돌기 시작하면 누구도 우리를 멈출 수 없어요!

톱니바퀴는 잘 알 거예요. 바깥쪽에 반듯한 톱니들이 달린 바퀴 말이에요. 하지만 베벨 기어(비스듬한 톱니들을 물려 회전축의 각도를 바꿔요)와 웜 기어(회전축에 나사가 달려 있는 모양)라는 것도 있어요. 우리는 친구들과 손잡는 것을 좋아해요. 작은 기어와 손잡은 큰 기어를 움직이려면 작은 기어는 큰 기어보다 많이 돌아야 해요. 하지만 큰 기어는 천천히 도는 대신 작은 힘만으로 돌릴 수 있어요. (자동차의 변속기도 이런 원리예요.) 기계식 시계는 2개의 바늘이 서로 다른 빠르기로 정확하게 돌아가게 만든 거예요. 그건 사실 우리가 하는 일이라고요!

● 변속기: 두세 개 이상의 기어가 함께 작동해요.
● 기어비: 물려 있는 기어들이 서로 도는 비율
● 세계에서 가장 긴 두 바퀴 자전거: 41.9m

기어

나사
■ 세상을 움직이는 기계들

☀ '나선'이라는 소용돌이 모양의 경사로가 나 있는 회전축이에요.
☀ 나선은 회전 운동을 직선 운동으로 바꿔요.
☀ 톱니바퀴를 물리면 회전 방향을 90°로 바꿀 수 있어요.

나는 꽈배기예요! 빙글빙글 핑핑 돌아요. 나는 원통에 감긴 경사면을 이용하는 작고 영리한 장치예요. 종이로 만든 직각 삼각형을 연필에 감아 보면 내가 정확히 어떤 식으로 도는지 볼 수 있어요.

내가 돌면 나의 나선이 원운동을 직선 운동으로 바꿔요. 이러면 똑같은 노력을 들일 때 이동 거리는 줄어들지만 그만큼 더 센 힘이 나와요. 한 바퀴를 돌 때마다 내가 앞으로 조금씩 나아가면서 내 나선이 나무에 쉽게 박히지요. 나는 물건을 고정할 때 쓰는 짧고 날카로운 금속 나사못으로 유명하지만, 주변에서 나사 뚜껑, 프로펠러 날, 냉각 팬, 코르크 마개뽑이 같은 것에서도 나를 볼 수 있어요. 한번 들여다보면 나의 소용돌이에 빠져들걸요!

● 세계 최초의 나사: 기원전 200년대(아르키메데스의 나사)
● 최초의 나사 제작 기계: 1770년(영국의 제시 램즈던)
● 필립스 십자 나사 발명: 1930년대(미국의 헨리 필립스)

나사

랙과 피니언

■ 세상을 움직이는 기계들

※ 톱니가 난 평평한 판과 둥근 톱니바퀴의 만남이에요.
※ 회전 운동을 직선 운동으로, 또는 그 반대로 바꾸죠.
※ 바퀴가 미끄러질 정도로 가파른 오르막에서 케이블카를 끌어 올려요.

캬아, 이런 굉장한 만남이! 우리를 잘 쓰면 여러분은 항상 바른 방향으로 갈 수 있어요. 흔히 볼 수 있는 둥근 톱니바퀴인 피니언이 랙을 단짝으로 만난 게 우리예요. 톱니바퀴와는 다르게, 랙은 평평한 면에 뾰족뾰족 톱니가 나 있어요. 피니언이 돌면 랙은 피니언의 회전 방향으로 밀려 움직이죠. 우리는 자동차의 운전대를 돌려 차 바퀴의 방향을 바꾸는 데에도 써요.

랙과 피니언

● 랙과 피니언 방식으로 된 최초의 철도 : 1812년(영국 리즈의 미들턴 철도)
● 가장 가파른 케이블카 : 48% 경사 (스위스 필라투스 철도)
● 랙과 피니언 방식의 방향 전환 장치 특허 : 1975년(오스트레일리아의 아서 비숍)

베어링
세상을 움직이는 기계들

✺ 기계가 작동할 때의 마찰을 줄여요.
✺ 축에 베어링이 있으면 바퀴와 기어가 부드럽게 움직이죠.
✺ 부드러운 동작을 위해 윤활이 필요할 수 있어요.

베어링

나는 기계들이 소리 없이 스르르 돌게 하는 신통방통한 물건이에요. 나는 두 접촉면 사이에 샌드위치처럼 끼워 넣은 플라스틱이나 금속 띠일 수도 있고, 예쁜 구슬일 수도 있고, 아니면 굴림대를 넣은 틀(원통 베어링)일 수도 있어요. 미끄러지는 것보다는 구르는 것이 힘이 덜 들기 때문에 이렇게들 해요. 나는 자전거의 바퀴통에도 들어가지요. 손목시계 속에 들어가서는 마찰을 없애 시계가 항상 정확한 시간을 가리키게 해 준답니다!

● 최초의 원통 베어링 : 1740년대(영국의 존 해리슨)
● 구슬 베어링의 첫 특허 : 1869년(프랑스의 쥘 쉬리레)
● 보석 베어링 : 시계 제작자들이 마찰로 인한 에너지 손실을 줄이기 위해 사용했어요.

지레
■ 세상을 움직이는 기계들

☀ 힘의 크기를 바꿔 주는 간단한 장치예요.
☀ 단단한 막대와 중심점(받침점)으로 이루어져요.
☀ 크게 세 가지 종류가 있어요.

나는 아주 꼿꼿하고 힘을 쓰기 좋아하는 아이예요. 여러분의 힘을 키워 괴력으로 만들 수도 있고, 여러분이 작은 물건들을 찌그러뜨리지 못하게 힘을 줄일 수도 있어요. 이런 지레 효과를 얻기 위해 필요한 것은 막대기와 받침점뿐이에요.

나는 지구마저도 들어 올릴 수 있어요! 세 가지 종류가 있죠. 노루발못뽑이와 같은 1종 지레는 힘을 가하는 지점(힘점)과 움직일 물건(작용점) 사이에 받침점이 있어요. 아주 작은 힘으로 통조림을 딸 수 있는 것도 이 원리예요. 외바퀴 손수레는 2종 지레예요. 한쪽 끝에는 받침점이, 다른 쪽 끝에는 힘점이 있는데, 움직일 물건은 그 중간에 있어요. 무거운 물건도 사뿐히 들어 올릴 수 있답니다. 야구 방망이는 3종 지레의 하나예요. 받침점이 한쪽 끝에 있고, 공을 맞히는 작용점은 반대쪽에 있어서 스윙으로 야구공을 멀리 보낼 수 있게 해 주지요. 와, 이렇게 대단하다니!

● 가위: 받침점이 같은 한 쌍의 1종 지레
● 호두 까개: 받침점이 같은 한 쌍의 2종 지레
● 족집게: 받침점이 같은 한 쌍의 3종 지레

지레

도르래

■ 세상을 움직이는 기계들

✼ 바퀴에 홈을 파고 줄을 둘러서 돌리는 기발한 장치예요.
✼ 무거운 물건을 쉽게 들어 올리고 옮길 수 있어요.
✼ 2개 이상의 도르래를 한데 합친 것을 복합 도르래라고 해요.

내 힘을 좀 봐요! 나는 홈이 파인 바퀴에 줄을 둘러 힘의 방향을 바꾸는 똑똑한 아이예요. 우물의 줄을 당기면 양동이가 올라오지요? 나는 깃발을 올리거나 커튼을 닫는 데에도 쓰이고, 기중기에서 쓰이는 것으로 유명해요. 긴 줄을 몇 개의 도르래에 두른 기중기는 어마어마한 무게를 들어 올릴 수 있어요. 굉장하죠!

도르래

● 고정 도르래 : 힘의 방향만 바꿔요.
● 움직 도르래 : 위치가 바뀌면서 힘의 이득을 얻을 수 있어요.
● 세계 최강의 기중기 : 타이순 기중기는 2만 톤까지 들어요.

유압 장치

세상을 움직이는 기계들

✹ 높은 압력의 액체로 힘을 써요.
✹ 힘을 정확하게 전달할 수 있어요.
✹ 탈것의 제동 장치나 땅 파는 굴착기의 긴 팔에 쓰여요.

유압 장치

원통에 피스톤과 액체를 넣어 밀폐한 유압 장치의 세계에 온 것을 환영해요. 자동차의 브레이크 페달을 밟으면 액체가 압력을 받아요. 밀폐된 공간에 액체를 채운 다음 액체에 압력을 가하면, 이 압력은 밀폐된 모든 면에 고르게 전달되기 때문에, 반대쪽의 피스톤을 밀어내고, 여기에 연결된 막대가 그 힘을 전달해 브레이크를 꽈아아악 눌러 준답니다. 멋지죠!

● 유압 프레스 발명 : 1795년(영국의 조지프 브라마)
● 유압 장치가 쓰이는 곳 : 버스 문, 덤프 트럭, 굴착기의 팔
● 가장 큰 굴착기 : 흙삽 크기 52m³ (뷰사이러스 RH400)

용수철
■ 세상을 움직이는 기계들

✸ 눌리거나 당겨질 때 기계적인 에너지를 저장해요.
✸ 두 물체 사이에서 진동이 전해지는 것을 막아 주죠.
✸ 평면 용수철과 나선 용수철은 담금질한 철로 만들어요.

안녕! 나를 모를 리는 없겠죠? 여러분이 침대에서 방방 뛰며 즐겁게 노는 게 다 누구 덕분인데요. 탄성이 있는 모든 것은 나와 한패예요. 다시 튕겨 줄 수만 있다면요! 큰 활, 나무 다이빙대, 집게 같은 것도 환영이에요. 이런 것들은 눌리고 늘어나고 구부러지는 여느 용수철들과 똑같아요.

나는 누름 용수철, 당김 용수철, 비틀림 용수철, 이 세 가지가 있어요. 누르고 당기고 비틀려면 에너지가 필요하지만 그런다고 내 모양이 바뀌냐, 아니죠! 나는 에너지를 받아서 내 고리들 사이에 저장했다가 다시 돌려 주어요. 기계식 손목시계에 에너지를 공급하기도 하고, 볼펜이나 전동기 브러시 같은 부품이 팽팽한 상태를 유지하게 도와준답니다.

● 쓰임 : 깜짝 용수철 상자(누름), 무지개링(당김), 쥐덫(비틀림)
● 용수철 매트리스 발명 : 1871년(독일의 하인리히 베스트팔)
● 후크의 법칙 : 용수철이 가하는 힘은 길이 변화에 비례해요.

용수철

제어 시스템
■ 세상을 움직이는 기계들

* 기계의 조종을 담당해요.
* 반응 신호에 의해 기계적이거나 전자적인 동작이 일어나요.
* 안전 장치나 고장 방지 장치에 흔히 쓰여요.

나는 지배자예요. 세상을 움직이는 기계들이 착착 돌아가게 채찍질하죠. 얘네들이 일은 잘하지만 영리하지는 않거든요. 용수철 같은 애들은 한 번 튀면 못 말리죠. 하지만 많은 기계들은 보통 두세 부분 이상으로 이루어져 있는데 내가 이런 것들을 감독하고 조종해요.

내가 천재적인 것은 감지기와 작동기, 이 두 부분으로 이루어졌기 때문이에요. 감지기는 밝기, 온도, 압력 같은 성질들을 측정하는 식으로 기계의 동작 결과를 알려 줘요. 작동기는 기계 장치(이를테면 랙과 피니언이나 유압 밸브)나 전자 회로를 통해 작동 상태를 바꾸죠. 냉장고 안의 온도가 너무 높다는 것을 온도 조절 장치가 감지하면, 작동기는 전기 스위치를 켜서 온도를 낮출 수 있도록 압축기를 작동시켜요. 내가 '찰칵'만 하면 '척'이죠!

● 최초의 반응 신호 제어 장치 : 기원전 300년(이집트의 크테시비오스)
● 단순 제어기 : 켜고 끄기만 해요.
● 단순 제어기의 예 : 냉장고, 난방 조절기

제어 시스템

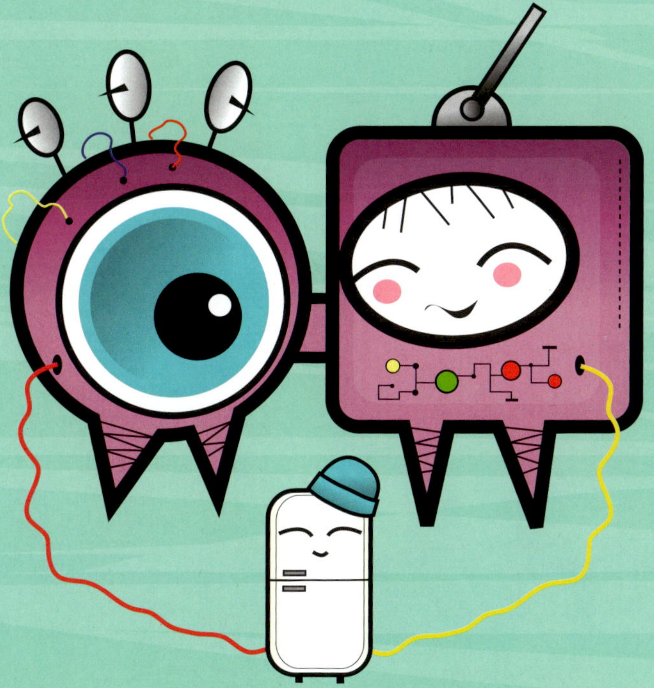

2장
집돌이 친구들

집에서 매일 어깨를 맞대야 하는 친구들이 있죠. 이 친구들이 없는 세상은 상상할 수도 없어요. CD와 DVD가 등장하는 바람에 이제 여러분은 라디오를 틀 일이 별로 없겠죠? 하지만 이건 알아야 해요. 이 구닥다리 라디오는 숨은 재능이 많아서 지금의 텔레비전이 있게 했어요. 잘나가는 전자레인지의 일도 대부분 맡아 주고 있어요. 한물갔다니요! 전구는 생활의 빛이고, 전화는 수다의 도구죠. 냉장고는 우리가 잘 먹을 수 있게 도와주고, 제일 고생하는 변기는 우리가 응가를 잘할 수 있게 해 줘요! 우리는 집돌이 친구들을 벗어날 수 없다고요. 이제 이 친구들에 대해 알아봐요.

라디오

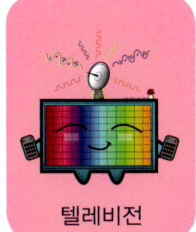
텔레비전

전구

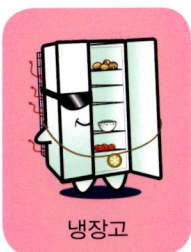
냉장고

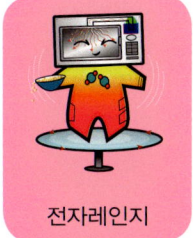
전자레인지

전화기

변기

시계

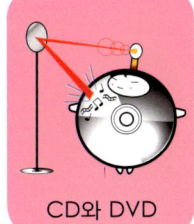
CD와 DVD

라디오
■ 집돌이 친구들

✹ 전 세계 무선 통신의 뛰어난 능력자예요.
✹ 전자기파를 공중으로 쏘아 보내요.
✹ 송신기와 수신기로 정보를 전달해요.

세상을 연결하는 일에 나만 한 게 없어요! 눈에 보이지 않는 내 전파는 음악, 뉴스, 동영상, 채팅 대화를 빠르고 조용하게 온 지구에 전달해요. 여러분은 라디오를 방송 전파를 받는 수신기로만 알고 있을 거예요. 하지만 나는 보낼 줄도 안답니다. 사실, 라디오라는 내 이름은 전파를 이용해 주고받는 무선 통신을 뜻하기도 해요.

진동하는 전파는 송신기에서 만들어져서 인공위성들을 거치면서 공간을 가르고 나아가요. 이 전파를 받아들이는 데 필요한 건 안테나죠. 내 파동은 금속 안테나 속의 전자들을 운동시키고, 이렇게 만들어진 전류가 수신기에서 소리나 영상으로 바뀌어요. 간단한 전보는 모스 부호의 '삑'과 '삐이' 소리를 쓰지만, 나는 반송파라는 운반 전파에 싣거나(이것을 변조라고 하고, AM과 FM이 있어요) 디지털 방식으로 음성과 음악을 보낼 수 있어요. 오, 소리 좋고!

● 최초의 무선 통신 : 1894년(영국의 올리버 로지)
● 최초로 대서양을 횡단한 전파 : 1901년(이탈리아의 굴리엘모 마르코니)
● 전파의 빠르기 : 2억 9979만 2458m/s

라디오

텔레비전

■ 집돌이 친구들

☀ 동영상으로 정보와 즐거움을 주는 엄청난 재주꾼이죠.
☀ TV 프로그램이 전파에 실려 집으로 배달돼요.
☀ 디지털 전송 방식으로 바뀌고 있어요.

집 안의 재주꾼인 내게서는 역동적이고 화려하고 엄청 밝은 빛이 쏟아져 나와요! 나는 날씨와 새 소식을 알려 주기도 하고, 공부를 시켜 주기도 해요!

나는 재미난 방송 프로들을 전자기파에 실어 보내요. 극초단파(UHF)라는 전파에 여러 채널들을 실어 보내는 거예요. 채널마다 2개의 신호가 있는데 하나는 화면 신호, 하나는 소리 신호예요. 이 전파는 수신기, 그러니까 여러분의 텔레비전에서 전기 신호로 바뀌어요. 이 신호는 텔레비전 화면을 이루는 색색의 점들을 빛나게 해요. 오늘날의 플라스마 TV와 LCD, LED TV 화면은 수십만 개가 넘는 작은 불빛들로 이루어져요. 1초에 50~60번씩 그림을 뿌려 주면 그림이 움직이는 것처럼 보이죠. 조명! 카메라! 액션!!!

● 최초의 동영상 시연 : 1925년(영국의 존 로지 베어드)
● 전 세계에서 1대 이상의 텔레비전이 있는 집 : 12억 가정
● TV 주파수 대역 : 470~806MHz(메가헤르츠)

텔레비전

전구

■ 집돌이 친구들

☀ 세상에서 가장 중요한 혁신 가운데 하나예요.
☀ 전구의 밝은 불빛이 우리 조상들의 삶을 완전히 바꿨어요.
☀ 백열전구는 많은 전기 에너지를 열로 낭비해요.

나는 말 그대로 환해요. 나를 발명한 것은 진짜 빛나는 아이디어였어요! 여러 집돌이 친구들 가운데 사람들의 삶에 가장 큰 영향을 미친 게 바로 나예요. 내가 등장하기 전에는 밤에 불을 밝히는 게 골치 아픈 일이었어요. 해가 지면 잠이나 자는 게 훨씬 나았죠.

내가 집에 있으면 여러분은 늦게까지 잠들지 않고 깨어 있을 수 있어요. 나는 밤거리를 안전하게 지키고, 공장 가동 시간을 배로 늘려 주어요. 내 유리 몸 안에 자리 잡은 가느다란 금속 선은 전류가 흐를 때 흰색으로 빛을 내요. 선이 타 버리면 안 되기 때문에 내 몸속에는 다른 물질과 잘 반응하지 않는 아르곤 같은 기체가 들어 있죠. 그렇다고 내가 그렇게 밝은 것은 아니에요. 전기 에너지의 10%만 빛으로 바꾸거든요. 내 뒤를 이어 등장한 형광등은 에너지를 5분의 1만 쓰고 수명은 열 배나 돼요. 환상적으로 빛나는 친구죠!

● 최초의 전구 특허 : 1841년(영국의 프레데릭 데몰린스)
● 백열전구의 에너지 변환 : 열 90%, 빛 10%
● 형광등의 에너지 변환 : 열 30%, 빛 70%

전구

냉장고
■ 집돌이 친구들

✺ 간단한 열 펌프로 속을 차갑게 만드는 장치예요.
✺ 음식물을 신선하게 보관하고 세균 번식을 늦춰요.
✺ 냉동고도 원리는 똑같고 설정 온도만 더 낮아요.

나처럼 시원하고 멋진 아이가 있을까요? 맛난 간식거리가 한가득인 나는 주방에서 흔히 볼 수 있어요. 내 덕분에 신선한 음식을 신선하게 오래 보관할 수 있는 거예요. 나는 맛있고 균형 잡힌 식생활을 할 수 있게 해 주기 때문에 온 가족의 사랑을 듬뿍 받죠.

내 전동기가 돌아가는 소리 들리나요? 압축기가 제 몸속의 열을 밖으로 열심히 빼내는 거랍니다. 압축기는 특수한 기체를 압축해 액체로 만들어요. 이 액체는 펌프에 의해 내 몸속으로 들어왔다가 다시 기체로 변하면서 열을 빼앗아 가요. 이마의 땀이 마를 때 시원해지는 것과 비슷한 원리죠. 기체는 다시 밖으로 나가 압축되는데, 금속 방열판은 내가 열을 공기 중으로 내보내는 것을 도와요. (그래서 내 등은 항상 뜨거워요.) 그리고 이런 전체 과정이 계속 되풀이돼요. 참 간단하죠!

● 냉장고 발명 : 1876년 (독일의 카를 폰 린데)
● 적절한 냉장 온도 : 3~5℃
● 냉장고 발명 전에는 찬 소금물로 식혔어요.

냉장고

전자레인지

■ 집돌이 친구들

☀ 패스트푸드를 뚝딱 데우는 요리 달인이죠.
☀ 강력한 전파로 음식을 데워요.
☀ 음식이 속에서부터 데워지기 때문에 그을리지 않아요.

배고파서 못 기다린다고요? 그럼 내가 답이죠! 꽁꽁 언 음식도 단박에 뜨끈뜨끈. 나는 데우기와 팝콘 튀기기의 왕이에요!

나는 마그네트론이라는 장치로 높은 진동수의 전파인 마이크로파를 만들어요. 이 마이크로파는 회전 날개에 부딪쳐 전자레인지 속에서 흩어져요. 마이크로파의 변화하는 전기장은 음식에 들어 있는 물, 지방, 설탕 분자 같은 것들을 진동하게 만들어요. 분자들이 진동할수록 음식은 뜨거워지죠. 전파가 골고루 퍼지지는 않기 때문에 음식을 고르게 익히려면 접시를 돌려야 해요. 접시가 돌아가지 않게 해 놓고 마시멜로를 가열하면 전파가 집중된 곳과 아닌 곳의 차이로 마술 같은 모양이 나타날 거예요. 이거 좀 으스스해요!

● 마그네트론 발명 : 1943년(영국의 존 랜들)
● 최초의 상업용 전자레인지 : 1954년
● 전자레인지 마이크로파의 진동수 : 2.45GHz(기가헤르츠)

전자레인지

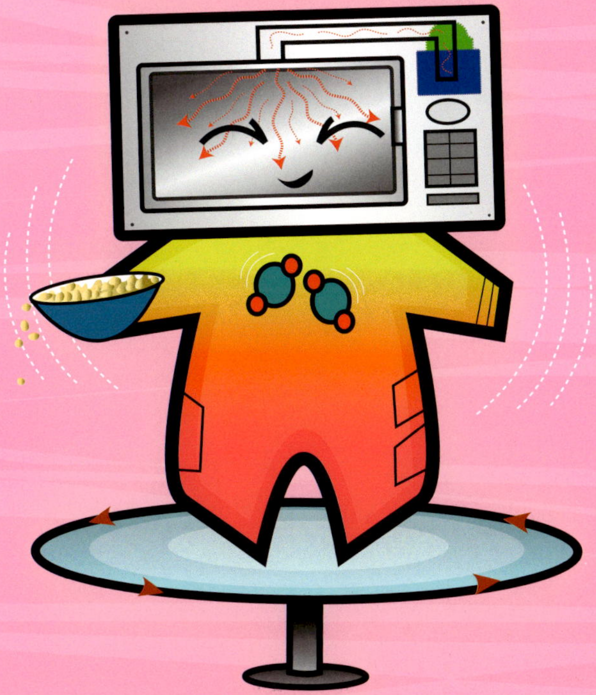

전화기
■ 집돌이 친구들

☀ 소리를 전기 신호로 부호화해 주고받는 장치예요.
☀ 사랑하는 사람이 멀리 떨어져 있어도 이야기를 나눌 수 있어요.
☀ 세계 여러 나라를 가깝게 묶어 준답니다.

나는 사람들을 한데 엮기 좋아하는 재잘재잘 수다쟁이예요. 떨어져 있는 사람들이 내 덕분에 서로 대화를 나누면서 세상은 더 좁아졌죠.

여러분이 내 몸의 수화기를 들면 가까운 전화국에서는 내 전원을 켜고 숫자 수신 장치를 연결시켜요. 그리고 내가 준비되었다는 것을 뚜~ 하는 신호음으로 알려 주지요. 전화국은 여러분이 누르는 숫자를 해독한 뒤, 상대방이 통화 중이지 않으면 따르릉~ 신호를 보내요. 상대방이 내 친구 수화기를 들면 회로가 연결되죠. 이때부터 여러분은 마음껏 수다! 내 안의 회로는 여러분의 수다를 전기 신호로 바꾸어 구리선으로 보내요. 지역 전화국에서 데이터를 내보낼 때는 광섬유 케이블을 쓰고, 국제 전화는 인공위성을 통해 전파로 보낸답니다. 찌지지 지잉!

● 최초의 전화기 특허 : 1876년(미국의 알렉산더 그레이엄 벨)
● 최초의 미국 대륙 횡단 전화 : 1915년
● 최초의 공중전화 설치 : 1889년(미국의 윌리엄 그레이)

전화기

변기

■ 집돌이 친구들

☀ 하수구와 힘을 합쳐 우리 삶을 깨끗하게 만들어 줘요.
☀ 공중화장실은 적외선으로 관리하는 자동 수세식 변기를 써요.
☀ 대변, 소변일 때 다른 버튼을 누르는 2단 수세식 변기와 마른 변기는 친환경 기술이에요.

나는 잘난 체를 하는 아이가 아닌데 사람들은 계속 나를 깔고 앉아요. 나는 여러분의 응가를 치워 화장실과 길거리와 동네를 깨끗하고 향긋하게 지켜 주는 듬직한 일꾼이라고요. 궂은일이지만 누군가는 해야 하죠. 게다가 나는 그 일을 잘하기 때문에 자부심이 높아요!

모두가 언제든 가야 하는 그곳에 내가 있어요. 나는 걸터앉는 방식과 쭈그려 앉는 방식, 비행기 안의 작은 변기, 우주 시대의 자동 세척 변기 등 종류가 많아요. 많은 수세식 변기들은 영국 빅토리아 여왕 시대의 배관공 토머스 크래퍼 씨 덕분에 널리 퍼진 방식을 써요. 손잡이를 당기면 밸브가 열려 물통의 물이 변기로 내려와요. 물통에는 뜨개가 있어서 그 높이에 따라 채움 밸브가 열리거나 닫혀 물 높이를 조절해요.

● 최초의 수세식 변기 : 1596년(영국의 존 해링턴)
● 변기 물통의 평균 크기 : 6L(리터)
● 제대로 된 변기가 없었을 때 예상되는 현재 세계 인구 : 26억 명

변기

시계

■ 집돌이 친구들

✲ 항상 때맞춰 모습을 보여 주는 착실한 친구예요.
✲ 진동자라는 부품을 써요.
✲ 진동자가 정확할수록 시계가 정확해요.

똑! 딱! 똑! 딱! 멈출 수 없어! 시간을 철저하게 지키는 나 때문에 세상이 돌아가죠. 나는 모든 일이 정확한 시간에 일어났으면 해요. 내가 없으면 세상은 혼돈일 거예요. 혼! 돈!

생김은 달라도 내 기본 부품은 같아요. 핵심은 진동자랍니다. 진동자는 고르게 맥박이 뛰는 장치예요. 기계식 시계에는 추가 있고, 전자 시계에는 수정 진동자가 있죠. 진동자는 중력, 전지, 가정용 전기 같은 동력에 의지해 쉴 새 없이 움직여요. 진동자는 1초에 3만 2000번이 넘을 정도로 빠르게 진동하는 경우도 있기 때문에 그 숫자를 잘 세어 1초를 판단하는 장치가 필요해요. 기계식 시계에서는 기어가 그 일을 담당해요. 그런 다음에는, 기어에 연결된 표시 장치(오, 나의 멋진 얼굴)가 시간을 알려 주는 거랍니다!

● 최초의 기계식 시계 : 1088년(중국 송나라의 물시계)
● 최초의 디지털 시계 : 1968년(미국의 피터 페트로프)
● 가장 정확한 시계 : 미국 표준기술연구소의 양자 논리 시계(37억 년에 1초의 오차)

시계

CD와 DVD
■ 집돌이 친구들

✹ 음악 도구이지만 디지털 자료 저장에도 중요해요.
✹ 플라스틱 사이에 알루미늄 층을 샌드위치처럼 끼워 넣었어요.
✹ 레이저 광선으로 읽어요.

짜잔! 소리와 화면이 함께 파티 분위기를 띄워요! 굉장한 저장 능력을 갖춘 우리는 음악, 영화, 게임 같은 것들을 담고 있어요.

CD는 음파를 디지털 부호로 바꾸어 저장하면서 혁명을 일으켰어요. 그래서 테이프나 레코드판 같은 지지직 아날로그의 시대는 갔죠. 소리 혁명에 CD가 있었다면, 영상 혁명에는 DVD가 있었어요. 둘의 원리는 같아요. 폴리카보네이트 플라스틱 층에 중심에서 바깥쪽으로 향하는 소용돌이 모양으로 작은 홈들을 새기지요. 이 홈들이 이루는 무늬가 데이터랍니다. 그 위에는 알루미늄 반사층과 투명한 보호 물질을 입혀요. 레이저가 폴리카보네이트층을 뚫고 들어와서 알루미늄에 반사될 때 작은 홈들이 있고 없고에 따른 변화로 전기 신호가 만들어지죠. 그림이 좀 그려지나요?

● CD는 compact disk의 약자이고, DVD는 digital versatile disk의 약자예요.
● CD로 나온 최초의 음반: 빌리 조엘의 〈52번가〉, 1982년
● DVD로 나온 최초의 영화: 〈트위스터〉, 1997년

CD와 DVD

43

3장
어마어마한 재료들

와! 이 친구들은 마술사처럼 많은 재주와 비밀을 감추고 있어요. 많은 물건들의 재료로 쓰이면서 아주 중요한 성질들을 가진 친구들이죠. 이들은 쓰임새에 맞게 세기, 굳기, 방수성, 유연성 같은 성질들을 하나 이상 가지고 있어요. 건조제인 실리카 젤 같은 같은 불안정한 물질로 자동차를 만들 수는 없는 노릇이죠. 마법의 비밀은 자연 상태의 원재료를 쓸모 있는 물질로 변화시키는 것에 있어요. 이 친구들은 그 일에 딱이에요. 자, 이들이 무슨 일을 하는지 알아봐요.

종이

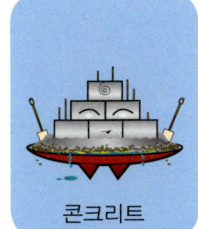
콘크리트

강철

플라스틱

세라믹

비료

폭약

스마트 재료

종이
■ 어마어마한 재료들

- ☀ 글씨를 쓰고, 물건을 싸고, 심지어 먹기도 하는 얇은 재료예요.
- ☀ 그물 같은 미세한 셀룰로오스 섬유질로 만들어져요.
- ☀ 대개는 가문비나무와 소나무 같은 무른 나무에서 얻어요.

나는 좀 도도해요. 오래전부터 사람들이 지식을 찾으러 나한테 왔거든요. 책, 신문, 편지는 나의 가장 위대한 분신들이죠. 또 나는 지폐, 화장지, 반투명 트레이싱 페이퍼 같은 것도 만들어요.

나는 고대 중국의 위대한 발명품 가운데 하나예요. 나무를 으깨서 나를 만든다는 게 믿어지세요? 내 셀룰로오스 섬유들이 뒤엉킨 게 현미경으로는 보일 거예요. 셀룰로오스 섬유는 나무가 곧게 서 있을 수 있게 하는 성분이에요. 나는 나무를 걸쭉하게 으깬 후 산으로 처리해 세포들을 낱낱으로 분해해 만들어요. 그런 다음, 색깔을 넣어 롤러로 누르고, 가열하고, 진공에서 말리고, 적당한 두께로 압축해 주면 커다란 두루마리가 되어 나타나죠. 직물을 비슷한 방식으로 처리해서 지폐를 만들기도 해요. 헝겊 쪼가리들이 돈다발로 변하는 거예요!

- ● 가장 많이 쓰이는 곳 : 포장(41%의 종이가 여기에 쓰여요.)
- ● 나무 한 그루에서 평균적으로 얻어지는 신문의 양 : 약 800부
- ● 미국에서 1년에 재활용되는 종이의 양 : 5000만 톤 (2013년 기준)

종이

콘크리트

■ 어마어마한 재료들

✸ 로마인들이 발명한 단단한 복합 재료예요.
✸ 시멘트와 모래, 자갈의 혼합물인데 물을 더해 주면 단단하게 굳어요.
✸ 공기 중의 이산화 탄소와 반응해 세월이 갈수록 단단해져요.

나는 혼합의 마술이에요. 그다지 예쁘지 않을 수도 있어요. 특히 비가 올 때는 말이죠. 하지만 나는 분명 값이 싸고, 그 때문에 지구상에서 가장 인기 있는 건축 재료가 됐어요. 강철과 힘을 합쳐서 오늘날의 세계를 만들었지요. 다리, 도로, 고층 건물, 댐, 심지어 배까지요. 이게 다 바로 나라고요!

나는 휘저으면서 태어나요! 시멘트, 자갈, 모래 그리고 물을 섞어 계속 저으면 한동안은 흐물흐물하지만 조금씩 단단하게 굳기 시작하죠. 물속에서도 굳기 때문에 다리와 댐을 만드는 데도 쓸 수 있어요. 부은 뒤에 저어서 거품을 없애 주면 며칠 만에 충분히 굳어요. 나는 누르는 힘에는 잘 버티지만 당기는 힘에는 그리 강하지 않아요. 하지만 강철 뼈대를 넣어 주면 더 강해진답니다.

● 가장 큰 순수 콘크리트 돔 : 높이 43.3m (이탈리아 로마의 판테온)
● 근대적인 콘크리트의 발명 : 1756년 (영국의 존 스미턴)
● 강화 콘크리트 발명 : 1849년 (프랑스의 조제프 모니에)

콘크리트

강철

■ 어마어마한 재료들

✹ 철에 약간의 탄소를 섞어서 만든 강한 합금이에요.
✹ 철은 캐고 뽑아내는 비용이 저렴해서 인기가 많아요.
✹ 단단한 콘크리트와 함께 써서 고층 건물을 지을 수 있어요.

나는 세상에서 가장 높은 건물들을 짓는 강하고 튼튼한 버팀대예요. 순수한 철보다 1000배나 강하죠. 그래서 나는 칼, 공구, 수저에서부터 기차, 빌딩, 송전탑에 이르기까지 아주 많은 곳에 쓰여요.

나는 쇳물에 산소를 불어 넣어 황이나 인 같은 불순물들을 없애는 베서머 용광로에서 만들어져요. 오늘날의 용광로들은 무려 318톤의 철을 강철로 만드는 데 30분도 안 걸려요. (상상이 되세요?) 탄소가 적은 철은 튼튼하지만 모양을 쉽게 바꿀 수 있고, 탄소가 많은 철은 더 단단한 대신 깨지는 성질이 있어요. 다른 원소들을 넣어 주면 내 성질을 더 개선할 수 있어요. 크로뮴은 내가 녹스는 것을 막아 주고, 망가니즈를 넣으면 나는 아주 튼튼해져서 바위를 뚫는 착암기나 기차 레일 같은 곳에 쓸 수 있어요. 강한 사람을 왜 철인이라고 하는지 아시겠지요?

● 일반적인 탄소 함량(무게 기준): 1.2~2%
● 강철의 1년 생산량: 16억 8500만 톤(2014년)
● 가장 높은 철골 구조 건물: 828m(아랍에미레이트 두바이의 부르즈 할리파)

강철

플라스틱
■ 어마어마한 재료들

☀ 원유를 걸러서 얻는 현대적인 재료예요.
☀ 열가소성 플라스틱과 열경화성 플라스틱이 있어요.
☀ 값싸고 틀에 넣어 만들 수 있으면서 튼튼해서 쓰임새가 많아요.

나는 어떤 모양이라도 만드는 놀라운 능력을 가진 밝고 쾌활한 아이예요. 중합체(원자들이 길고 유연한 사슬로 연결된 것)라는 것에서 다양한 모양의 내가 만들어진답니다. 대부분은 탄화수소 사슬에 색깔, 굳기, 유연성, 무게를 더하기 위해 첨가제가 들어가요. 아시겠죠?

열경화성 플라스틱은 한 번 가열해서 모양을 만들어 굳히고 나면 다시 가열해도 물러지지 않아요. 하지만 열가소성 플라스틱은 중합체끼리 서로 미끄러질 수 있어서 가열할 때마다 모양을 바꿀 수 있어요. 나는 정말 많은 곳에 쓰이죠. 각종 전자 제품의 껍데기에도 쓰이고 건설 현장에서도 쓰여요. 자동차, 비행기, 배, 섬유, 장난감, 포장재 같은 데서 나를 볼 수 있을 거예요. 하지만 나는 썩지 않기 때문에 환경 오염을 일으킨다는 나쁜 평이 따라다녀요. 에구!

● 최초의 플라스틱 : 영국의 알렉산더 파크스가 만든 파케신(1856년)
● 바다에 버려진 플라스틱 쓰레기 : 24만 4000톤(2014년)
● 플라스틱 병의 평균 수명 : 300~500년

플라스틱

세라믹

■ 어마어마한 재료들

☀ 비금속 결정으로 된 단단하고 깨지기 쉬운 재료예요.
☀ 틀로 모양을 만든 후 단단하게 구워요.
☀ 옛날 도자기에서 첨단 재료에 이르기까지 다양한 것들이 있어요.

우리는 아득한 옛날부터 오랜 세월을 견뎌 왔어요. 부드럽고, 유리 같고, 총알을 막을 정도로 강하고, 화학 물질에도 끄떡없고, 열에도 강하거든요.

대단한가요? 그러나 이게 다가 아니에요! 우리는 다른 재료처럼 구부리거나 쌓아 올릴 수도 없고, 너무 단단해서 자르거나 변형시킬 수도 없어요. 우리는 누르는 힘에는 잘 버티지만 쉽게 깨지는 성질도 있어요. 그래서 우리는 처음부터 한 덩어리로 만들어지곤 해요. 최초의 세라믹 재료는 고령토 성분이 든 점토였어요. 오늘날의 첨단 재료들은 우리를 탄화 규소, 산화 아연, 산화 지르코늄, 질화 규소 같은 형태로 만들어서 써요. 이런 걸로 만든 부품들은 엄청나게 단단해서 자동차의 디스크 브레이크에서 방탄복에 이르기까지 수많은 용도로 쓰이죠. 우릴 보면 반하고 말걸요!

● 불에 굽는 온도 : 1000~1600℃
● 과거의 흔한 용도 : 항아리, 타일, 식기, 장식품
● 오늘날의 용도 : 칼날, 터빈 회전체, 절연체, 베어링, 반도체

세라믹

비료

■ 어마어마한 재료들

☀ 땅을 기름지게 만들어 주는 효자예요.
☀ 땅을 놀리지 않고 매년 농사를 지을 수 있어요.
☀ 뿌리, 잎, 가지, 꽃이 무성해져요.

오오! 발가락 사이로 전해지는 흙의 느낌이 너무 좋네요. 나를 밭에 뿌리면 식물이 자라는 데 필요한 것들을 보충할 수 있어요. 내가 없이 같은 땅에서 농사가 계속 잘되기는 힘들죠. 하지만 나한테 너무 빠져들지는 마시고요. 나를 너무 많이 쓰면 흙이 산성화되어 오히려 식물이 자라기 힘들어지고, 개울이나 강에 조류가 너무 늘어나 물속 산소가 부족해지면서 생물이 살기 힘들어지거든요. 나는 분명 경고했어요!

비료

● 공장에서 생산된 최초의 비료 : 1842년(과인산 석회, 영국)
● 유기질 비료 : 말똥 거름, 구아노(바닷새의 똥), 석회암 가루
● 무기질 비료 : 암모니아, 오산화 인(인광석에 들어 있어요.)

폭약

어마어마한 재료들

☀ 급격하고 격렬한 화학 반응을 일으키는 재료들이에요.
☀ 압력, 소리, 열, 빛으로 에너지를 방출해요.
☀ 바위를 터뜨려 땅속의 자원들을 얻는 데 쓰여요.

우리는 펑 터지는 몹쓸 습관 때문에 위태로운 삶을 살아요! 우리의 파괴력은 화학 결합에 저장된 에너지에서 와요. 대부분은 질소, 탄소, 산소가 아주 바짝 결합된 것들이죠. 이 결합이 깨지면 갖고 있던 에너지가 순식간에 가스와 열로 퍼져 나가요. 펑 하고 터지는 거예요!

- 화약의 발명 : 기원전 800년대(중국)
- 상업용 폭약들의 폭발 속도 : 1800~8000m/s
- 핵폭탄을 제외한 최대 규모의 폭발 : TNT 6킬로톤(1969년 N1 로켓 발사, 구소련)

스마트 재료

■ 어마어마한 재료들

☀ 주변 상황에 대응하는 능력자예요.
☀ 스스로 치료 능력을 가진 것도 있어요.
☀ 더 개발되면 세상이 바뀔 거예요.

우리는 정말 똑똑이들이에요. 굉장한 알갱이들로 된 새로운 재료이죠. 다른 어마어마한 친구들보다 우리가 훨씬 더 능력자예요. 우리는 미래거든요!

우리는 온도, 외부 힘, 전기장과 자기장, 산과 같은 주변 조건들에 따라 모습, 행동, 형태를 바꾸는 능력을 가졌어요. 우리는 주로 미래 기술에 쓰이지만 여러분은 아마 우리를 이미 알고 있을 거예요. 우리 친구 하나는 LCD에서 전압에 따라 색이 바뀌는 전기 변색 재료예요. 텔레비전 화면의 색과 투명도를 바꾸지요. 똑똑하지 않나요? 찌그러져도 원래의 모양으로 돌아가는 기억력을 가진 재료도 있어요. 사람이 앉으면 저절로 따뜻해지는 변기도 언젠가는 나올 테고, 여러분의 기분에 따라 자동차 색깔이 달라지는 날도 올 거예요!

● 사진 기술로 인쇄판을 만드는 재료는 빛 조건의 변화에 대응해요.
● 압전 재료는 전기를 가하면 형태가 변해요.
● 산성도의 변화에 따라 색이 바뀌는 재료도 있어요.

스마트 재료

4장
폼 나는 장치들

이 친구들은 자기 체급을 훨씬 넘어서는 센 주먹을 가진 권투 선수 같아요. 일상생활에 너무 자연스럽게 파고들었기 때문에 그동안 이들이 어떤 혁명을 일으켰는지 모르기 쉬워요. 이 영웅들은 디지털 혁명을 일으켰어요. 정보를 부호로 바꿔서 다루게 되면서 기술은 폭발적으로 발전했어요. 디지털 장치들은 정보를 숫자 0과 1의 흐름으로 바꿔서 다뤄요. 사실 이 숫자들은 전기 신호의 꺼짐과 켜짐을 나타내는 것이지만요. 디지털 장치 중에서 무엇보다 유능한 우두머리는 마이크로칩이에요. 왜 그런지 알아봐요.

마이크로칩

휴대 전화

컴퓨터

사용자 인터페이스

디지털 카메라

플래시 메모리

마이크로칩

■ 폼 나는 장치들

- ☀ 모든 전자 장치에 들어가는 반도체 전자 회로예요.
- ☀ 엄지손톱만 한 마이크로칩에 트랜지스터 10억 개를 넣을 수 있어요.
- ☀ 이 작은 천재를 집적 회로라고도 해요.

이걸 알아야 해요! 나는 모든 전자 장치의 지배자이자 두뇌예요. 손톱만 한 실리콘 조각에 어마어마하게 복잡한 전자 회로를 작게 축소해 넣은 게 바로 나예요.

내 몸집이 정말 작기는 하죠. 하지만 나는 강펀치가 있어요. 나는 여러분의 노트북 컴퓨터, 휴대 전화, MP3 플레이어, 게임기 속에 들어앉아 이들을 조종하죠. 이것들은 내가 없으면 다 허당이에요. 나는 모든 지시 사항들을 간단한 계산과 논리 연산의 흐름으로 바꿔요. 내 천재적인 능력은 트랜지스터에서 나와요. 트랜지스터는 기본적으로 다른 스위치의 상태에 따라 조작되는 스위치예요. 트랜지스터에 전류가 흐르는 상태를 1이라고 해 두죠. 흐르지 않는 상태는 0이에요. 이런 1과 0들을 비트라고 해요. 비트는 모든 계산의 기초예요. 아주 특별하죠?

- ● 트랜지스터의 밀도 : $1mm^2$당 400만 개
- ● 바이트 : 8개의 비트 모임
- ● 니블 : 4비트

마이크로칩

휴대 전화
■ 폼 나는 장치들

✹ 셀이라는 단위로 통화 지역을 나눠 이동 중에도 통화할 수 있는 전화예요.
✹ 심카드에 개인 정보를 저장하기도 해요.
✹ 사회를 바꿨고, 사람들의 삶도 완전히 달라졌어요.

나는 새장 밖에 사는 새예요. 싸돌아다니기를 너무 좋아하죠. 여러분이 밖에 나가서도 친구와 연락할 수 있는 것은 다 내 덕분이란 걸 알아야 해요. 생각만 해도 감동 아니겠어요!

내가 있으면 전화를 걸거나 문자를 보낼 수 있어요. 내가 내보내는 전파가 허공을 가르고 나아가기 때문에 가능한 거예요. 충전된 배터리는 나에게 힘을 주고 사용자 인터페이스는 단추를 정확하게 누를 수 있게 해 준답니다. 통화는 그물처럼 연결된 '셀'들을 통해 이루어져요. 셀의 중심마다 통신탑이 있어요. 여러분이 전화를 걸면 나는 신호가 가장 센 통신탑을 찾아서 통신해요. 셀은 저마다의 주파수로 통신하는데, 나는 영리한 회로를 가지고 있어서 한 셀에서 다른 셀로 이동하는 동안 주파수를 바꾸는 복잡한 작업까지 처리해요. 신호가 끊기지도 않고 전혀 티 나지 않게 일어나는 일이에요. 대화 한마디도 놓치지 않으니까 사람들은 전혀 눈치채지 못해요.

● 심(SIM) : 가입자 식별 모듈
● 세계 최초의 휴대 전화 통화 : 1973년(미국)
● 최초의 휴대 전화 문자 메시지 : 1993년(핀란드)

휴대 전화

컴퓨터
■ 폼 나는 장치들

✹ 모든 종류의 자료를 저장하고 처리하는 신동이죠.
✹ 프로그래밍할 수 있는 실리콘칩(마이크로프로세서)을 써요.
✹ 단순한 덧셈과 논리 연산 형태로 모든 명령을 처리해요.

나는 폼 나는 장치들 중에서도 최고의 천재예요. 철저한 논리적 사고와 빠른 생각 속도로 무장한 나는 사람들이 금전등록기를 쓰고, 책을 디자인하고, 영화에 특수 효과를 입히고, 무인 비행기를 띄우는 일 같은 것을 하는 데 큰 도움을 준답니다.

나는 사용자 인터페이스, 기억 장치 그리고 거의 어떤 용도로든 프로그래밍해서 쓸 수 있는, 천재 중의 천재인 중앙 처리 장치로 이루어져요. 중앙 처리 장치는 1초에 무려 1500억 개의 명령도 쏟아 낼 수 있어요! 안에 들어 있는 제어기는 작업의 순서를 정한 뒤 임시 기억 장치(램)와 결과를 주고받아요. 하드 디스크는 소프트웨어를 저장하고, 광 드라이브는 CD와 DVD 같은 것을 읽고 쓰고, 비디오 카드는 화면에 보여 줄 정보들을 처리해요. 엄청난 두뇌죠!

● 최초로 제작된 컴퓨터 : 독일의 콘라트 추제가 만든 Z1(1938년)
● 최초로 발표된 마이크로프로세서칩 : 인텔 4004(1973년, 미국)
● 무어의 법칙 : 마이크로칩에 들어가는 트랜지스터의 수가 2년마다 배로 늘어난대요.

컴퓨터

사용자 인터페이스
■ 폼 나는 장치들

- ☀ 전자 기기를 편리하게 조종하는 장치예요.
- ☀ 입력 장치는 대개 마우스, 키보드 또는 터치스크린으로 이루어지죠.
- ☀ 음성이나 얼굴 인식도 가능해요.

컴퓨터와 대화하려면 나를 통해야만 해요. 거창한 이름에 기죽지는 말고요. '인터페이스'는 '접촉한다'는 뜻일 뿐이에요. '사용자'는 바로 여러분을 말하는 것이고요!

나는 오직 입력과 출력에만 신경 써요. 입력 장치는 명령을 컴퓨터에 넣어 주고, 컴퓨터는 출력 장치를 통해 결과를 보여 준답니다. 휴대용 계산기를 볼까요? 여러분이 계산기의 숫자판을 눌러서 수학 문제를 입력해요. 그러면 뒤에 숨어 있는 처리 장치는 열심히 계산해서 답을 내죠. 그런 다음에 여러분이 이해할 수 있는 숫자로 화면에 보여 줘요. 입력 장치들은 마우스나 키보드 같은 간단한 것들이에요. 출력은 화면이나 음성, 자동차 계기판의 다이얼, 발전소 계기판의 빨간 불빛 같은 것들로 나타나요. 이얍!

- ● 최초의 그래픽 사용자 인터페이스 개발 : 1981년(미국 제록스 스타)
- ● 고릴라 팔 : 똑바로 서 있는 터치스크린을 조작하다가 생긴 부상과 통증이에요.
- ● 전자 종이(e-페이퍼) 디스플레이 : 아마존 킨들(2007년, 미국)

사용자 인터페이스

디지털 카메라

■ 폼 나는 장치들

☀ 디지털 파일로 사진을 남기는 카메라예요.
☀ 마이크로칩을 써서 빛을 이진 부호로 바꿔요.
☀ 사건 현장과 뉴스를 생생하게 바로 전할 수 있어요.

나는 디지털 눈으로 모든 걸 다 봐요! 재주가 워낙 많아서 휴대 전화, 노트북 컴퓨터, 망원경, 의료기, 심지어는 행성을 오가는 우주선에까지 들어가요.

나는 이미지를 디지털 파일로 저장하고 LCD 화면에 바로 표시해요. 번거로운 필름이나 화학 물질 따위는 없죠! 사진들은 쉽게 고치고, 자르고, 손질해서 이메일로 보내거나 인터넷에 올릴 수 있고, 전파에 실어 먼 우주로 보낼 수도 있다니까요. 내 능력은 CCD라는 특수한 마이크로칩에서 나와요. 빛 알갱이(광자)가 내 안에 들어 있는 마이크로칩의 셀에 닿으면 전기로 바뀌어요. 마이크로칩은 셀 하나당 전하의 양으로 이미지의 각 부분이 얼마나 밝은지 판단해요.

● CCD의 발명 : 1969년(미국의 윌러드 보일과 조지 스미스).
● 픽셀 수 : CCD 칩에 있는 세포의 숫자를 말해요.
● 많이 쓰는 사진 파일 형식 : JPEG과 TIFF

디지털 카메라

플래시 메모리

■ 폼 나는 장치들

✹ 전자 장치에 쓰이는 가볍고 휴대하기 좋은 기억 장치예요.
✹ 혜성처럼 등장해 자료 저장에 혁명을 일으켰어요.
✹ 고체 기억 장치라고도 해요.

슝! 번쩍! 쾅! 나는 깜찍하고 편리한 마법사예요. 모든 메모리 카드에 내가 있어요. 나는 플래시 드라이브, 태블릿 PC, 메모리 카드에 쓰이죠. 우주 탐사 로봇에도 사용돼요.

나는 움직이는 부분 없이 100% 전자 부품이고, 정보를 보관하는 데 전기가 필요하지 않아요. 그래서 '안정성' 메모리나 '비휘발성' 메모리라고 불리죠. 컴퓨터가 꺼졌거나 내가 여러분 주머니 속에서 덜그럭거리고 있을 때에도 정보를 그대로 간직하고 있답니다. 컴퓨터를 켜서 작동시키는 데 필요한 정보를 담아 두기에도 아주 좋아요. 내 핵심은 되풀이해서 기록할 수 있는 플래시 메모리 칩에 있어요. 그 덕에 자료를 쓰고 지울 수 있는 거예요. 플래시가 번쩍하듯이 단박에 말이에요!

● 플래시 메모리의 발명 : 1980년(일본의 마쓰오카 후지오 박사)
● 최초의 메모리 스틱 출시 : 1988년(일본 소니)
● USB 단자로 플래시 드라이브의 전원도 공급하고 자료도 전송해요.

플래시 메모리

5장
슈퍼테크 부대원들

슈퍼테크 부대원들은 저마다의 분야를 이끌고 있는 지구 최강 용사들이에요. 인터넷, 광섬유 케이블, 위성은 우리의 의사소통과 자료 검색 방식을 바꾸어 놓았어요. 인간의 삶은 상상조차 할 수 없을 정도로 달라졌어요. 무선 통신은 이동하는 삶을 너무나도 쉬운 것으로 만들었고, 우주복은 인간이 외계 우주의 극한적인 환경에서 살아남을 수 있게 했죠. 세계에서 가장 큰 기계인 입자 가속기는 물질의 가장 작은 알갱이들을 추적하고 있고, 로봇의 잠재력은 날이 갈수록 커지고 있어요. 이제 이들의 말을 직접 들어 볼게요.

레이다

인공위성

레이저

광섬유 케이블

무선 통신

인터넷

바코드

스마트 카드

인쇄기

3D 프린터

우주복

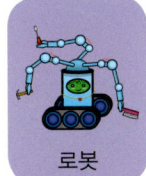
로봇

입자 가속기

레이다

■ 슈퍼테크 부대원들

✺ 전파를 쏘아 물체를 감지하는 기술이에요.
✺ 고래와 박쥐처럼 신호의 메아리로 위치를 알아내요.
✺ 군사, 천문학, 날씨 예보에 쓰여요.

나는 진짜 진짜 전쟁 영웅이에요! 나는 1930년대에 적 항공기의 접근을 경고하려고 발명됐어요. 지금도 국민의 안전을 지키는 일을 해요.

나는 전파를 쏴서 하늘을 훑어요. 내가 쏜 전파가 어떤 물체에 맞으면 일부는 내 수신 안테나로 다시 돌아와요. 그러면 나는 물체의 정확한 위치, 방향, 빠르기까지 알아낼 수 있죠. 최첨단 스텔스 기술*만이 나를 피할 수 있어요. 오늘날 나는 정말 쓰임새가 많아요. 바다에서 선장들이 해안선이나 다른 배들을 발견하는 데 도움을 주고, 공항 관제사들이 하늘에서 여객기들 교통정리를 할 때에도 나를 써요. 나는 빠르게 날아가는 미사일을 찾기도 하고, 날씨 정보 수집까지도 할 수 있어요. 어라, 곧 비가 오겠는데요!

* 스텔스 기술 : 항공기나 유도탄 따위를 만들 때, 레이다 탐지를 어렵게 하는 기술.

- 최초의 레이다 : 1934년(영국의 로버트 왓슨와트 경)
- 레이다는 전파를 이용한 탐지와 거리 측정이라는 뜻을 나타내는 영어 약자예요(radio detection and ranging).
- 최초의 레이다 스피드건 : 1954년(미국의 브라이스 브라운)

레이다

인공위성
■ 슈퍼테크 부대원들

✹ 컴퓨터로 조종되면서 지구 둘레를 도는 장치예요.
✹ 주로 태양 에너지로 작동하지만 전지를 내장한 것도 많아요.
✹ 기상 관측, 항해나 길 안내, 정찰, 연구 같은 데에 써요.

밤하늘을 들여다보면 내가 보일지도 몰라요. 나는 그냥 별처럼 보이지만, 계속 보면 내가 움직이면서 조용히 지구를 돈다는 것을 알 거예요.

나는 우주 로켓에 실려 궤도로 발사된 뒤에 시속 2만 7000km로 지구 둘레를 돌기 시작해요. 비행 경로, 전기, 온도 같은 것은 자동으로 조절되고요. 나는 혼자가 아니에요. 친구가 아주 많아요! 기상 위성은 하루 두 번 지구를 돌고, 통신 위성들은 3만 5786km 상공에서 지구와 박자를 맞춰 돌기 때문에 꼭 머리 위에 멈춘 것처럼 보이죠. 하지만 세상에 영원한 것은 없어요. 수명이 다 되면 우리는 무덤 궤도로 이동해 50만 개의 우주 쓰레기에 하나를 더 보태게 돼요.

● 최초의 인공위성 발사 : 1957년(러시아의 스푸트니크 1호)
● 대부분의 인공위성들은 지상에서 160~2000km 높이의 낮은 궤도를 돌아요.
● GPS : 지도 제작과 길 안내에 쓰이는 위치 추적 시스템이에요.

인공위성

레이저
■ 슈퍼테크 부대원들

✹ 단색이고, 순수하고, 집중된 빛이에요.
✹ 가시광선, 적외선, 자외선 등 다양한 진동수의 레이저들이 있어요.
✹ 흉한 문신이나 불필요한 털을 없애는 데도 좋아요.

지익! 펑! 나는 날카로운 광선이에요. 내가 별것 아니라는 사람도 있어요. 흔한 바코드 판독기나 프린터 때문에 그렇겠죠. 하지만 산업용 레이저 칼 같은 것은 아주 최첨단 기술이라고요.

전구에서 나오는 빛과 다르게 내 빛은 진동수가 오직 하나뿐이에요. 한 가지 순수한 색이란 거죠. 내 안의 모든 빛 알갱이들은 질서를 아주 잘 지켜요. 그래서 흩어지지 않고 곧게만 나아간답니다. 나는 고체 결정, 반도체, 기체 같은 매개 물질 속에서 만들어져요. 매개 물질에 전기 자극을 주어 빛을 내게 하면 내가 생겨요! 레이저를 연구하는 미국 국립점화연구소의 과학자들은 나를 이용해 핵융합을 일으키는 연구도 하고 있어요. 인류의 미래죠!

● 미국 국립점화연구소의 레이저 광선 종류 : 192
● 미국 국립점화연구소에서 도달한 온도 : 2000만~4000만℃
● 레이저(LASER)는 '외부 빛의 자극으로 빛을 방출시켜 증폭한다'는 뜻의 영어 약자예요.

레이저

광섬유 케이블

■ 슈퍼테크 부대원들

☀ '내부 완전 반사(전반사)' 현상을 이용해 빛 신호를 전달하는 파이프예요.
☀ 인터넷과 전화 데이터를 보내는 데에도 써요.
☀ 수술 장비로 몸속을 비출 때에도 써요.

데이터 전송의 대장인 나는 전 세계 통신의 주역이에요. 내가 가진 아주 가느다란 유리 섬유 가닥들은 빛 신호를 바닷속에서 수천 킬로미터나 전달해요.

나는 투명한 껍질로 속심을 둘러싸서 만들어요. 속심을 지나는 빛이 껍질과의 경계선에 닿으면 거울처럼 안으로 반사가 일어나요. 이런 식으로 계속 다시 반사되면서 속심을 따라 먼 거리를 가는 거랍니다. 대개 적외선 진동수를 가진 번쩍거리는 레이저 빛 신호가 내 몸속을 흘러요. 빛 신호는 전화 음성이나 인터넷 데이터를 부호로 바꾼 거예요. 진동수가 다른 몇 개의 신호 흐름들이 같은 통로를 함께 이용하기 때문에 나는 엄청나게 큰 대역폭(전송량)을 자랑해요. 옛날부터 나는 큰 일을 해 보는 게 꿈이었지요!

● 대용량 케이블의 광섬유 가닥 수 : 1000개
● 광섬유 케이블은 빛의 빠르기로 데이터를 보내요.
● 전송 속도 기록 : 7000km 거리를 155개 채널로 1초당 100Gb(기가비트) 속도로 전송했어요.
　(프랑스 벨 연구소)

광섬유 케이블

무선 통신

■ 슈퍼테크 부대원들

☀ 선 없이 인터넷을 쓸 수 있어요.
☀ 와이파이와 블루투스라는 이름이 더 유명하죠.
☀ 블루투스는 빠르게 변하는 79개의 전파 채널을 써서 데이터를 보내요.

보세요, 선이 없다고요! 나는 전자 장비들이 연결선 없이 서로 대화하게 하는 신비한 힘을 가졌어요. 무섭다고요? 그럴 리가요. 무선 어댑터만 있으면 되는 걸요!

나는 와이파이 전파로 접속 기지에 메시지를 보내요. 무선 공유기가 인터넷의 출입문 역할을 해 주지요. 무선이 가능한 모든 장치들이 여기에 접속할 수 있어요. 그리고 블루투스는 전자 기기들을 한데 엮어 서로 파일 같은 것을 주고받을 수 있게 해요. 아쉽게도, 전자레인지와 가정용 무선 전화기가 나와 같은 주파수 대역을 쓰기 때문에, 서로 간섭을 일으킬 수도 있어요. 따르릉 …… 따륵 …… 땡!

● 와이파이의 일반적인 도달 거리 : 실내 20m
● 블루투스 일반적인 도달 거리 : 5~10m
● 와이파이 거리 기록 : 445km(페루의 루랄 텔레콤 연구소)

무선 통신

인터넷
■ 슈퍼테크 부대원들

✹ 서로 연결된 컴퓨터들이 이루는 거대한 네트워크예요.
✹ 데이터를 '패킷'이라는 단위로 전송해요.
✹ 웹은 인터넷의 수많은 서비스 가운데 하나일 뿐이에요.

세계 최대의 컴퓨터 네트워크인 나는 모르는 게 없어요. 내 안에는 유용한 정보와 귀여운 애완동물 사진들이 넘쳐나죠. 이메일과 트위터 이용자, 블로거, 구매자와 판매자, 파일 공유자, 금융 거래자들이 다 나한테 매달려 있어요.

나를 웹과 혼동하지 마세요. 나는 전 세계 네트워크를 이루는 눈에 보이는 장치들 전부를 가리켜요. 나는 창고들을 한가득 채우고 있고, 다 가동하려면 10만 개 정도의 발전소가 필요해요. 나를 이루고 있는 모든 장치들은 아이피(IP: 인터넷 프로토콜의 약자. 프로토콜은 데이터를 주고 받기 위해 서로 약속된 규칙을 말해요) 주소를 갖고 있으면서 패킷(패킷은 우체국을 통해 보내고 받는 소포를 뜻하는 말이었어요)이라는 단위로 데이터를 보내고 받아요. 큰 서버 컴퓨터에 접속할 때마다 여러분은 그 하드 디스크에 있는 파일을 보게 돼요. 이 파일들은 작은 데이터 패킷으로 나뉘어 여러분 컴퓨터로 보내지는데, 나는 라우터라는 장비를 이용해 이 패킷들이 정확한 주소로 배달되게 하지요!

● 인터넷의 발명 : 1962년(미국의 조셉 칼 로브넷 릭라이더)
● 최초의 패킷 교환망 구축 : 1969년(미국 아르파넷ARPANET)
● 매달 수신되는 스팸 메시지의 수 : 2000억 개

인터넷

바코드

■ 슈퍼테크 부대원들

☀ 막대와 빈칸으로 표시된 부호예요.
☀ 상품마다 세계상품코드(UPC)를 가지고 있어요.
☀ UPC는 기업의 재고 관리에 도움을 주고 있어요.

여러분, 지금 이 놀라운 책의 뒤표지를 보세요. 나는 기본적으로 세로 막대와 빈칸들의 폭으로 독특하고 깔끔하게 숫자를 표시해 기계가 읽을 수 있게 한 거예요. 표시하는 것은 대개 제품 코드예요. 레이저 스캐너로 나를 읽으면 슈퍼마켓 계산대에서 뚝딱 계산이 끝나죠.

바코드

● UPC 부착 제품의 첫 판독 : 1974년(미국의 리글리 껌)
● 바코드 부착 항공권 도입 : 2005년
● QR(Quick Response) 코드 : 스마트폰으로 나를 읽기 위해 만든 정보 무늬예요.

스마트 카드

슈퍼테크 부대원들

- 칩 카드, IC 카드라고도 불리는 똑똑한 녀석이에요.
- 플라스틱 카드에 마이크로프로세서 칩을 심었어요.
- 작고 믿음직한 정보 창고예요.

나는 손톱만 한 마이크로칩으로 여러분의 정보를 안전하게 관리하는 지킴이예요. 많은 나라에서 개인 정보를 저장하기 위해 은행 카드와 병원 카드에 쓰고 있어요. 나는 운전 면허증, 출입증, 심지어는 휴대 전화의 소중한 심카드가 되기도 해요. 어떻게 하는 거냐고요? 카드 판독기가 금도금된 내 접촉면에 닿으면 마이크로칩이 작동해 정보를 건네주는 거예요.

- 데이터 읽기 속도 : 1초당 106~848kb(킬로비트)
- 접촉면 크기 : $1cm^2$
- 접촉면이 없는 카드는 전파를 이용해요(RFID).

인쇄기

■ 슈퍼테크 부대원들

✹ 오래전부터 인쇄물을 만들던 도구였어요.
✹ 생각을 널리 알리는 중요한 도구이지요.
✹ 중국에서 인쇄술이 발명된 지 1000년이 넘었어요.

나는 참 오래됐지만 지금도 크게 활약해요. 나더러 사상 최고의 발명이라는 사람도 있어요. 신문이 매일 인쇄되는 것을 생각해 보세요. 학교와 도서관, 서점의 모든 책 그리고 여러분이 보고 있는 이 책도요. 내가 일할 때마다 놀라운 게 찍혀 나와요!

옛날에 나는 커다란 나무 나사로 만들었어요. 잉크를 묻힌 판을 종이에 누르는 식으로 한 시간에 250쪽을 찍었죠. 낱개 활자들이 만들어진 덕분에 틀 안에 글자, 문장 부호, 빈칸 같은 것을 넣는 식으로 쉽게 판을 짤 수 있었어요. 오늘날의 오프셋 인쇄기는 한 시간에 1만 6000쪽을 토해 내는 괴물이에요! 컬러 인쇄는 네 가지 색판*으로 할 수 있어요. 컬러는 돈이 많이 드니 실슈**하면 큰일이에요.

* 청록, 자홍, 노랑, 검정(CMYK)
** 앗! '실슈'가 아니고 '실수'예요…….

● 인쇄기의 발명 : 1440년경(독일의 요하네스 구텐베르크)

인쇄기

3D 프린터

■ 슈퍼테크 부대원들

☀ 한 덩어리로 된 물건을 만들어 내는 신기술이에요.
☀ 맞춤 물건을 마우스 클릭으로 뚝딱 만들어요.
☀ 한 가지 재료로만 만들기 때문에 재활용도 쉬워요.

집중! 나에게 주목해야 해요. 곧 슈퍼스타로 떠오를 나는 물건을 인쇄기처럼 찍어 내요. 아주 얇게 한 층씩 쌓아 올려 입체가 되게 하는 거죠.

지금은 물건을 시험적으로 만드는 데 쓰고 있지만 곧 여러분에게 필요한 물건을 거의 다 내가 만들 거예요. 바로 여러분 집에서 말이에요. 장난감, 공구통과 탁자, 의자, 옷소매 장식 단추, 옷걸이 같은 것도 여러분이 그려만 주면 나는 다 만들어 낸다고요! (못 그린다고 걱정하진 마세요. 인터넷에서 다운받을 수 있거든요.) 나는 인쇄와 레이저를 사용해 두 단계 굽기를 진행해요. 처음에 아주 얇은 플라스틱이나 왁스층을 보통의 잉크젯 프린터처럼 뿌리죠. 그런 다음에는 이 흐물흐물한 상태에 강력한 자외선 레이저를 쏘아 단단하게 굳혀요. 나는 이런 과정을 반복해 무슨 모양이든 만들 수 있는 굉장한 아이랍니다!

● 3D 프린터의 점 하나 크기 : 0.05~0.1mm
● 층 하나의 두께 : 0.1mm
● 3D 프린터로 악기 플루트 1개를 인쇄하는 데 드는 시간 : 15시간

3D 프린터

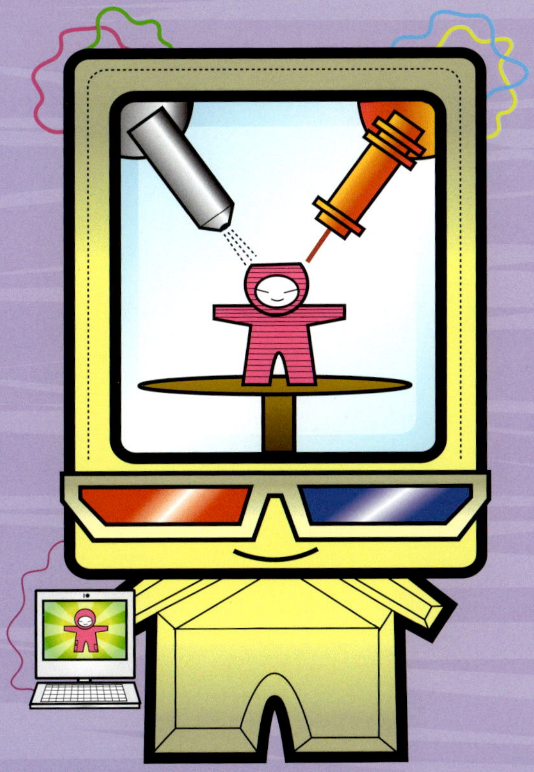

우주복

■ 슈퍼테크 부대원들

✸ 우주인을 지키는 강력하고 믿음직한 장비예요.
✸ 옷 정도가 아니라 1인용 우주선에 가까워요.
✸ 누구인지 확인하기 위해 다리에 색깔로 표시해요.

나는야 지구 밖에서 활약하는 우주 영웅! 사람의 몸은 지구 환경에서 사는 데에 맞춰져 있어서 지구를 벗어나면 정말 정말 위험해요.

우주에서는 밖에 나가면 큰일 나요! 금세 산소 부족으로 쓰러질 거예요. 햇빛(120℃)에서는 몸이 익고 그늘에서는 얼어요(영하 100℃). 기압이 없어서 사람의 피는 끓어오르고, 거기에 우주의 방사능까지……. 그래서 내가 필요해요. 나는 여러 부분이 한데 결합된 압력 옷이에요. 산소를 공급하고 이산화탄소를 제거하는 기능을 하지요. 내 단단한 유리 섬유 몸통은 중요한 신체 기관들을 보호하고, 투명하고 둥근 플라스틱 헬멧은 금이 입혀져 있어 대부분의 방사능을 차단해요. 겹겹으로 된 옷 사이에는 물이 흐르는 관이 거미줄처럼 쳐져 있어서 몸을 차분하게 식혀 줘요.

● 우주복에 들어가는 부품의 수 : 약 1만 8000개
● 우주복을 입는 데 필요한 단계 수 : 25
● 우주복 속의 파이프 길이 : 91.5m

우주복

로봇

■ 슈퍼테크 부대원들

☀ 평생 봉사하기 위해 태어난 자동화된 기계예요.
☀ 컴퓨터 프로그램으로 움직이는 뇌를 가졌어요.
☀ 사람이 조종할 수도 있고, 로봇 스스로 작동할 수도 있어요.

나는 사람의 따분한 일, 힘든 일, 위험한 일을 대신 해 주는 머슴 같은 존재예요. 하지만 아시다시피 나는 지능이 있어서 스스로 결정을 내릴 수 있어요.

나는 잔디를 깎고, 과일을 따고, 파이프를 청소하고, 폭탄을 찾아내 해체하고, 우주인들이 우주에서 작업하는 것을 돕고, 난파선을 찾고, 자동차를 조립하고, 정밀한 수술도 해요. 휴! 거기다 축구팀까지 있어요. 내 영웅인 아시모와 토피오 같은 휴머노이드 로봇들은 인간을 모방한 것들이에요. 하지만 인간의 움직임을 기계적으로 정확하게 표현하는 것은 아주 까다롭고 어려운 일이에요. 예를 들면, 발로 걷지 않는 것이 대개는 더 쉽기 때문에 나는 트랙이나 롤러를 쓰곤 해요. 사람들은 로봇에 두뇌가 있어도 로봇은 로봇일 뿐이래요. 하지만 마음이 있다면요? 내가 충실한 단짝이자 좋은 친구가 되겠죠? 어떻게 생각해요?

● 레오나르도의 로봇 : 레오나르도 다빈치의 자동 기계(1495년, 이탈리아)
● 로봇 이용 현황 : 아시아 50% 이상, 유럽 32%, 북아메리카 16%
● 아시모 한 대의 제작 비용 : 11억 원 이상

로봇

입자 가속기

■ 슈퍼테크 부대원들

☀ 원자를 쪼갤 때 쓰는 기계예요.
☀ 원자를 이루는 알갱이들에 에너지를 줘요.
☀ 가장 작은 물질 알갱이에는 깊은 비밀이 들어 있어요.

나는 물질을 세게 후려쳐서 우주의 비밀을 토해 내게 만드는 굉장한 기계예요. 원자를 말하는 게 절대 아니에요! 나는 강입자나 쿼크 같은, 원자 속의 가장 작은 부분들을 노려요.

내 매력은 엄청난 에너지에서 와요. 자신의 상태를 유지하려고 하는 안정된 원자들을 쪼갤 정도의 에너지예요. 그 다음은 간단해요. 거대한 검출기 속에서 아주 작은 알갱이들을 강력 자석으로 어마어마하게 빠르게 만들어 서로 충돌시키는 거죠! 과학자들은 그 충돌의 부스러기를 조사해 그동안 발견되지 않은 새로운 알갱이들의 증거를 찾아내요. 대형 강입자 가속기는 지하 100m 깊이에 만든 27km 길이의 원형 고리 안에서 알갱이들을 가속시켜요. 세상 사람들의 상상을 넘어서는 작은 알갱이들을 발견하기 위한 거대한 장치죠.

● 입자 가속기의 아버지 : 노르웨이의 롤프 비데뢰에
● 가장 큰 가속기 : LHC(대형 강입자 가속기)
● LHC 속의 알갱이들은 27km 길이의 고리를 1초에 1만 1245번 돌아요.

입자 가속기

6장
에너지 마법사와 힘돌이들

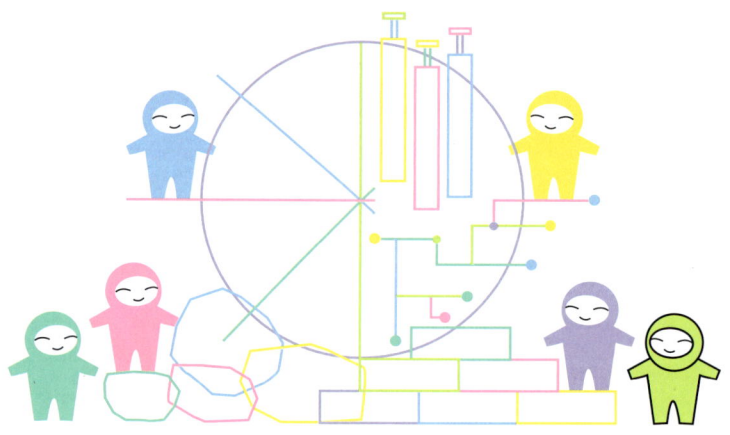

여러분도 그렇지만 기계가 움직이려면 에너지가 필요해요. 여기 있는 몸집 큰 친구들이 바로 기계를 움직이는 일을 맡아서 해요. 에너지 마법사들은 (화학 연료의 에너지를 비롯해서) 에너지를 운동으로 바꿔요. 힘돌이들은 동력을 만들고, 저장하고, 다른 기계에 전달하죠. 하지만 명심하세요! 여러분이 점심으로 먹은 피자건, 작은 플루토늄 막대건, 모든 연료는 저마다 바람직한 사용법이 있어요. 우유 한 통을 사러 차를 몰고 가면 1톤의 금속을 굴리는 에너지를 쓰게 돼요. 특별히 힘들지 않으면 걷는 게 어떨까요? 점심 때 먹은 피자도 운동으로 태워야 하잖아요!

 돛
 왕복 엔진
 제트 엔진
 회전 날개

 우주 로켓
 이온 엔진
 전동기
 발전기

 전지
 연료 전지
 태양 에너지
 원자력

돛

■ 에너지 마법사와 힘돌이들

☀ 공기 흐름의 에너지를 동력으로 만들어요.
☀ 배가 앞으로 나아가게 하지만 들어 올리는 날개 역할도 해요.
☀ 물, 얼음, 모래 위 그리고 우주에서도 교통 수단으로 쓰여요.

나는 대항해 시대에 큰 바다를 건넌 노련한 탐험가예요. 온 지구에 소용돌이치는 공짜 에너지원인 바람을 한 조각이라도 더 챙기기 위해 나는 온몸을 활짝 펼쳐요.

바람이 정면에서 불어 오면 나는 힘을 못 쓰는 '죽은 구간'에 갇혀요. 축 늘어져서 배를 나아가게 할 수가 없죠. 하지만 이때 나를 지그재그로 움직여 주면 비행기 날개처럼 바람을 비끼면서 배를 앞으로 보내는 힘을 얼마간 낼 수도 있어요. 또 나는 물에서 날쌔게 이동할 수 있어요. 심지어는 바람보다도 빠르게 말이에요. 하지만 내가 정말 먼 거리를 가는 것은 우주에서죠. 나는 태양에서 꾸준히 흘러나오는 알갱이들과 방사능을 아주 얇은 거울들로 붙잡을 수 있어요. 이런 '태양풍'은 우주선을 무려 1초에 70km로 달리게 할 수 있어요! 뿅 가는 거예요!

● 죽은 구간(바람에 갇히는 각도) : 바람 양쪽으로 30~50°
● 항해 속도 : 1노트 = 1.85km/h
● 최초의 태양돛 : 2010년 이카로스(크기 200m^2, 두께 0.0075mm)

돛

왕복 엔진
■ 에너지 마법사와 힘돌이들

✸ 휘발유나 디젤 자동차의 동력이에요.
✸ 2행정, 4행정, 6행정 등의 방식이 있어요.
✸ 전기를 만드는 데 쓸 수도 있어요.

나는 동력 있는 운송 수단을 끄는 일꾼이에요. 힘겹게 쿨럭쿨럭, 칙칙, 씩씩대는 일도 있지만 나는 이 바닥에서 오랫동안 닳고 닳아 왔고, 아직도 힘깨나 쓰고 있어요!

옛날부터 꾸준히 활약해 온 나는 위쪽에 연소실이 있는 빈 실린더를 가지고 있어요. 여기서 연료를 태워서, 나만큼 강하지 않은 것들은 날려 버릴 정도의 폭발을 일으키죠. 이 폭발의 힘으로 피스톤이 아래로 돌진해요. 이것은 네 단계로 이루어진 피스톤 상하 운동(피스톤이 한 번 이동하는 것을 '행정'이라고 해요)의 하나예요. 첫 번째 운동(하강)은 공기와 연료를 들이마시고, 그 다음 운동(상승)은 이 공기와 연료를 압축해요. 그리고 내 점화 플러그가 불을 뿜으면서 쾅~ 하는 폭발이 힘차게 피스톤을 밀어 내려 동력을 만들어요. 마지막 상향 운동은 배기가스를 토해 내는 운동이에요. 네 번의 운동 중에 힘이 발생되는 것은 한 번뿐이기 때문에 고른 회전을 위해서 나는 몇 개의 실린더를 한데 묶어서 써요.

● 연료가 속에서 타기 때문에 내연 기관이라고도 해요.
● 최초의 4행정 엔진 : 1876년(독일의 니콜라우스 아우구스트 오토)
● 자동차 엔진의 평균 효율 : 약 25%

왕복 엔진

제트 엔진

■ 에너지 마법사와 힘돌이들

☀ 여객기, 전투기, 빠른 자동차의 동력이에요.
☀ 내연 기관의 한 가지이고, 가스 터빈 엔진이라고도 해요.
☀ 여객기는 터보팬, 전투기는 터보제트 방식을 써요.

나는 시원한 분출을 좋아하는 잘나가는 아이예요. 비행기의 큰 날개 밑이나 꼬리 날개에 붙어 있는 나를 아마 한 번쯤은 봤을 거예요. 나는 세계 기록에 도전하는 모터보트와 자동차에도 있어요. 나 잡아 봐—용!

왕복 엔진처럼 나도 몸속에서 연료를 태워요. 하지만 나는 피스톤 왕복으로 에너지를 낭비하지 않는다고요! 나 뜨거운 배기가스로 추진력을 만들어 내요. 제 힘은 윙윙 도는 날개가 공기를 연소실로 빨아들여 원래 부피의 10분의 1로 압축하는 것에서 시작돼요. 그런 다음 제트 연료가 연소실에 뿌려져 폭발하죠. 폭발과 함께 나는 큰 소리를 내며 뜨거운 가스를 뒤로 토해 내고, 그 힘의 반작용으로 비행기가 앞으로 날아가는 거예요.

● 최초의 제트 엔진 비행 : 독일의 한스 폰 오하인
● 연소실 온도 : 550~760℃
● 지상에서의 최대 빠르기 : 1228km/h(1997년 영국의 스러스트SSC, 터보팬 방식)

제트 엔진

회전 날개
■ 에너지 마법사와 힘돌이들

✹ 수평으로 돌면서 헬리콥터를 띄워요.
✹ 터보샤프트 제트 엔진으로 돌려요.
✹ 회전 날개가 수직으로 돌면 항공기는 위가 아닌 앞으로 나아가요.

빙글빙글 빙빙-, 아, 너무 어지러워요. 2개에서 5개의 날개깃으로 된 나는 아주 빠르게 돌면서 물건을 하늘로 띄워요.

내 날개깃들 하나하나는 모서리가 뒤로 구부러져 있어요. 길고 가느다란 날개처럼 생긴 이것들이 공기를 아래로 밀어내고, 그 반작용으로 떠오르는 힘이 만들어져요. 기울여서 달면 물체를 앞으로 나아가게 할 수도 있어요.(프로펠러를 생각하세요.) 내가 돌면서 위로 뜰 때는 몸체가 내 반대 방향으로 돌려는 또 다른 힘도 생겨요. 헬리콥터가 앞으로 똑바로 날려면 꼬리에 또 다른 회전 날개가 필요하다는 뜻이죠. 나는 비행기가 할 수 없는 것을 할 수 있어요. 그 자리에 가만히 떠 있을 수도 있고 뒤로도 날 수 있다고요! 굉장하지 않나요?

● 최초의 성공적인 헬리콥터 : 1942년(러시아 출신의 이고리 시코르스키)
● 최초의 터빈 엔진 헬리콥터 : 1951년(미국의 찰스 케이먼)
● 탠덤 로터 헬리콥터 : 위쪽 회전 날개가 앞뒤로 둘이에요.

회전 날개

우주 로켓

■ 에너지 마법사와 힘돌이들

☀ 빠른 속도의 배기가스로 움직여요.
☀ 연료와 산화제를 모두 싣고 가요.
☀ 다 쓴 연료 탱크는 떼어 내 떨어뜨려요.

5, 4, 3, 2, 1! 발사! 여러분을 지구 밖의 우주로 보낼 테니 모자 꽉 잡으세요! 나는 폭죽, 미사일, 로켓, 비행기 조종사 탈출 장치 같은 모습으로 하늘을 밝혀요.

내 사촌인 제트 엔진처럼 나는 뒤로 빠른 속도의 분출물을 쏘아 그 반작용으로 앞으로 가요. 하지만 우주에는 연료를 태울 공기가 없기 때문에 나는 산소도 가져가죠. 우주선의 양쪽에 연필 같이 생긴 가느다란 관이 붙어 있는 것이 많이 보일 거예요. 여기에 고체 연료나 액체 추진제가 들어가요. 얘네들은 폭죽 같아요. 한 번 불붙으면 되돌리지 못하고 슈우우욱! 나는 그런 게 좋아요. 자, 불을 당겨 주세요!

● 발사할 때 배기가스 속도 : 4.5km/s
● 지구 탈출 속도 : 11.2km/s
● 우주로 간 최초의 로켓 : 1957년(러시아의 대륙 간 탄도 유도탄(ICBM))

우주 로켓

이온 엔진

■ 에너지 마법사와 힘돌이들

✹ 행성들을 오가는 우주선의 전기 추진 장치예요.
✹ 이온 빔을 쓰는 역추진(반동) 엔진이에요.
✹ 로켓 엔진보다 조용하고 효율이 높아요.

나는야 이온맨—! 풍선이 머리카락과 스웨터에 달라붙게 만드는 '이온'이 내 힘의 원천이에요. 그저 내 능력이 워낙 엄청날 뿐이죠!

이온은 원자가 음전기나 양전기를 띤 거예요. 나는 음이온과 양이온이 서로 당기는 성질을 이용해요. 나는 음이온이든 양이온이든(가리지 않고) 가속시켜서, 그와 반대되는 전기를 띤 금속판에 충돌시켜요. 이온 알갱이들이 금속판의 구멍을 통과하면 우주선을 움직일 수 있을 정도로 엄청나게 빠른 이온 빔이 만들어져요. 우주 로켓은 엄청난 양의 뜨거운 배기가스를 내뿜어서 힘을 얻지만, 나는 적은 양의 이온을 어마어마한 속도로 가속시켜 힘을 얻어요. 그래서 출발까지 시간이 오래 걸리지만 소리가 나지 않고, 가면 갈수록 점점 빨라져요.

● 최초의 이온 엔진 임무 : 1998년(나사의 디프스페이스 1)
● 배출되는 이온 속도 : 50km/s
● 탱크 크기 : 425kg(돈 우주선)

이온 엔진

전동기

■ 에너지 마법사와 힘돌이들

☀ 전기를 운동으로 바꿔요.
☀ 자연의 기본적인 힘 가운데 하나를 이용한 거예요.
☀ 작은 것은 시계에도 쓰고, 큰 것은 배의 프로펠러도 돌려요.

나는 전자기의 마법사예요! 눈에 보이지 않는 전기로 물건을 당기고 밀고 돌리는 마술을 바로 여러분 눈앞에서 보여 주죠. 자동차 유리창을 열고, 드릴로 벽을 뚫고, DVD 플레이어의 디스크를 돌리고 하니까 내가 너무 흔해 보일지도 모르겠어요. 하지만 다시 생각해야 할걸요!

나는 전류가 흐르는 전선 주변에 자기장이 생기는 놀라운 현상을 이용해요. 전선을 고리처럼 만들면 전자석이 되지요. 이 고리를 다른 자석에 대면 반대되는 극성이 나에게 끌려와요. 힘이 만들어지는 거예요. 전선 고리를 흐르는 전류가 반 바퀴마다 전류 방향을 바꾸면 극이 바뀌면서 전선이 미친듯이 돌아가게 돼요. 이 고리를 회전축에 연결하면……. 얍! 그 힘을 써먹을 수 있게 되는 거죠.

● 원리 발견 : 1821년(영국의 마이클 패러데이)
● 최초의 실용적인 전동기 : 1888년(미국의 니콜라 테슬라)
● 가장 작은 전동기는 분자 하나로 되어 있어요.

전동기

발전기
■ 에너지 마법사와 힘돌이들

☀ 산업계에서 뜨고 있는 일꾼이에요.
☀ 기계 에너지를 전기 에너지로 바꿔요.
☀ 발전소에서는 증기 터빈으로 발전기를 돌려요.

진짜 '힘'돌이인 나는 앞에서 잔뜩 자기 자랑을 늘어놓은 전동기와는 반대되는 일을 해요. 괴력을 자랑하는 나는 모든 종류의 기계적 에너지를 엄청나게 쓸모 많고 놀라운 전기로 바꾸죠. 나는 산업계의 지배자라고요!

자전거의 불을 밝히는 작은 다이너모(발전기)로 일하기도 하지만, 나는 주로 발전소의 터빈실에서 열심히 땀 흘리면서 여러분 집과 길거리 그리고 모든 산업에 전기를 공급하는 큰 활약을 하고 있어요. 둘둘 감긴 전선을 자기장 속에 넣고 기계 에너지원과 연결하면 전선에서 전류가 만들어져요. 그래서 나는 내연 기관, 증기 터빈, 수력 터빈, 풍력 터빈 같은 것의 에너지는 물론이고 페달 밟는 힘과 밀물 썰물의 힘까지도 전기로 바꿀 수 있어요. 모든 힘을 내게로!

● 가장 강력한 발전기 : 80만 킬로와트(중국 샹자바 수력 발전소)
● 가장 효율 높은 가스 터빈 : 60%(독일 이르싱)
● 세계 최대의 풍력 터빈 : 회전 날개의 크기 126m(독일 에네르콘 E-126)

발전기

전지
■ 에너지 마법사와 힘돌이들

☀ 화학 에너지를 전기로 바꿔요.
☀ 갖고 있던 화학 물질을 다 쓰면 바꾸거나 충전해요.
☀ 독성이 있을 수 있기 때문에 안전하게 처리해야 해요.

나는야 휴대용 장치 세계의 귀하신 몸! 나는 손목시계, 계산기, 휴대 전화를 움직이는, 주머니 속 능력자예요. 나를 전기 회로에 연결하면 몸속에서 화학 반응이 일어나면서, 내 음극에서 나온 전자가 회로를 돌고 돌아 양극으로 들어가요. 이렇게 움직이는 전자늘이 전류가 되어 이런저런 장치들을 작동시킨답니다. 간단하죠!

전지

● 최초의 전지 : 1800년(이탈리아의 알레산드로 볼타)
● 캐소드 : 전지의 양극 단자
● 애노드 : 전지의 음극 단자

연료 전지

에너지 마법사와 힘돌이들

- 수소의 힘으로 전기를 만드는 특별한 종류의 전지예요.
- 연료의 화학 에너지를 전기로 바꿔요.
- 자동차, 버스, 배, 잠수함의 깨끗한 동력이 될 수도 있어요.

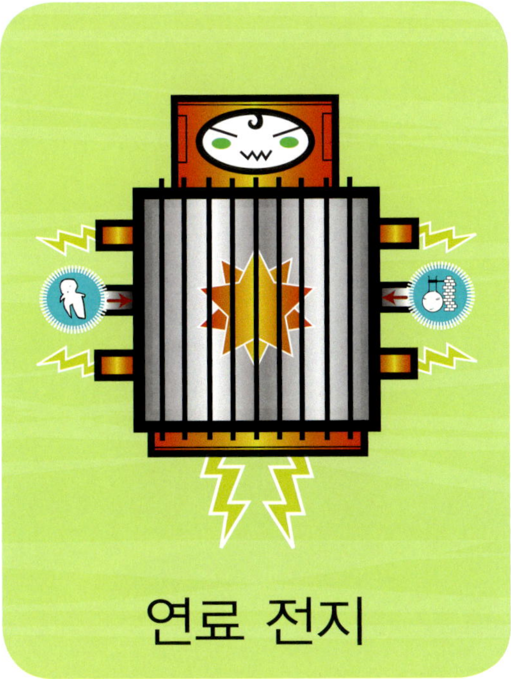

나는 녹색 세상을 꿈꿔요. 나무를 껴안는 거냐고요? 아뇨, 나는 온 지구를 사랑해요! 수명 짧은 전지와는 다르게, 나는 연료통의 수소와 공기 중의 산소를 조금씩 받아먹는 걸로 전기 장치를 돌려요. 그러면서 오직 수증기만 뱉어 내죠. 왕복 엔진은 환경을 오염시키지만 나는 깨끗하고 조용해요. 신선한 공기만 내뿜는다고요!

- 최초의 연료 전지 : 1839년(영국의 윌리엄 그로브)
- 연료 전지의 효율 : 최대 출력일 때 42~53%
- 세계 최대의 연료 전지 발전소 : 59메가와트(대한민국 화성시)

태양 에너지
■ 에너지 마법사와 힘돌이들

✹ 태양 에너지를 전기로 바꾸면서 잘나가고 있어요.
✹ 지구는 매일 평균 12시간 동안 빛과 열이 공짜예요.
✹ 구름이 거의 없는 사막에서 가장 좋아요.

한 줄기 햇빛은 지구의 소중한 에너지원이에요. 태양은 빛과 열을 지구에 매일 베풀어 주고 있어요. 태양은 온 세계가 일 년 동안 쓸 에너지를 거의 한 시간 만에 줄 수 있는 뜨거운 친구죠. 나는 그 에너지를 모아서 전기로 바꿔요.

방법은 두 가지예요. 태양광 전지와 열기관이에요. 태양광 전지는 빛 알갱이(광자)와 충돌할 때 전자를 방출하는(광기전 효과라고 해요) 반도체 실리콘 칩이에요. 이걸로 전지판을 만들어 설치하면 집에서 쓸 전기를 만들 수 있어요. 열기관은 거울과 축열기로 태양 에너지를 모아 발생시킨 수증기로 발전기를 돌려요. '태양로'라고도 하는 이 장치로 온도를 3500℃까지 올릴 수 있어요. 뜨겁죠!

● 태양광 비행기가 도달한 최고 높이 : 2만 9524m(미국 나사의 헬리오스호, 2001년)
● 광기전 효과의 발견 : 1839년(프랑스의 알렉상드르 에드몽 베크렐)
● 태양광의 흡수율 : 19%(대기), 35%(구름에 반사될 때)

태양 에너지

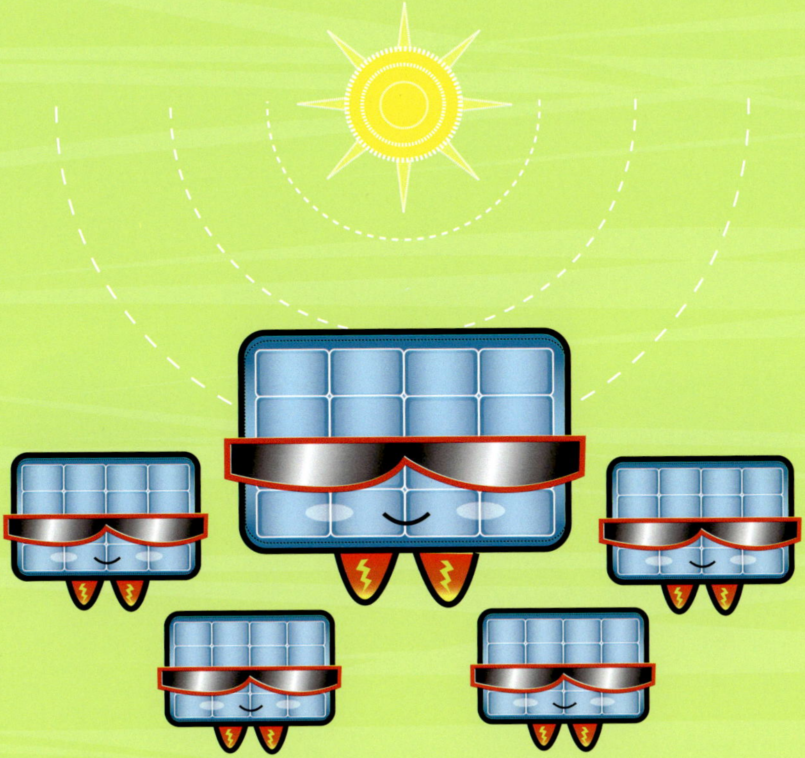

원자력

■ 에너지 마법사와 힘돌이들

✺ 원자핵에 저장된 에너지를 써요.
✺ 우라늄 235가 핵분열에 가장 많이 쓰여요.
✺ 잠수함, 전함, 우주선의 동력으로도 써요.

내가 시작은 작을 수 있지만 오해하지는 마세요. 나는 다른 연료보다 엄청나게 많은 에너지를 갖고 있거든요. 같은 부피 석유의 수백만 배나 되니까요. 나는 원자 영웅인 셈이죠!

나는 물질의 심장에 간직된 에너지를 꺼내요. 무겁고 불안정한 원소의 핵에 원자보다 작은 중성자 알갱이(정말 작죠)가 충돌하면 핵이 쪼개지면서 엄청난 에너지가 나와요. 이를 핵분열이라고 해요. 이때 나오는 에너지로 발전소에서 전기를 만들거나 배의 동력으로 쓸 수 있어요. 하지만 이 무시무시한 힘에는 책임이 따른답니다. 핵분열 때 나오는 방사성 폐기물은 수만 년 동안 인류를 위협해요. 나는 위험하니까 조심해서 다뤄 주세요.

● 최초의 원자로 제작 : 1942년(시카고 파일-1, 미국 맨해튼 계획)
● 전 세계 전기 에너지에서 원자력의 비율 : 11~12%
● 핵폐기물 중 가장 수명이 긴 아이오딘 129의 반감기 : 1570만 년

원자력

::용어 설명

광기전 효과 빛에 의해 전기가 생기는 현상.

광자 빛 또는 전자기 복사선의 알갱이에요. 광자는 질량도 없고 전하도 없어요.

디지털 전기 신호가 이진수의 연속으로 이루어진 것. 각각의 숫자는 그 순간에 전송되고 있는 화면이나 소리 크기를 나타내요.

마찰 물체들의 표면을 서로 문지를 때 운동에 저항하거나 느리게 만드는 힘. 항력이라고도 해요.

반도체 절연체보다는 전기가 잘 통하지만 금속(전도체)만큼 잘 통하지는 않는 재료. 전류를 제어하는 데 쓰이고, 모든 전자 장치의 '두뇌'예요.

방사능 원자핵이 분열되면서 핵 방사선을 내보내는 것.

변속기 자동차의 동력을 바퀴에 전달하는 장치.

산화제 연소(태움) 반응에 필요해요. 연료와 결합해 열과 빛 에너지를 내게 하죠.

셀룰로오스 녹색식물의 세포벽에서 얻는 재료이고, 종이와 섬유를 만드는 데 쓸모가 많아요. 나무 펄프나 목화에서 얻곤 해요.

실리콘 마이크로칩의 기본 재료인 반도체 원소.

아날로그 전송되는 목소리나 화면 신호와 똑같은 모양을 갖는 전기 신호를 이렇게 불러요.

알갱이(입자) 모여서 원자를 이루는 작은 알갱이의 하나이고, 아원자 알갱이라

고도 해요. 모든 원자는 양성자, 중성자, 전자로 이루어져 있어요.
원소 오직 한 가지 종류의 원자로만 이루어진 순수한 물질.
원자 양성자, 중성자, 전자로 이루어지는 아주 작은 물질 알갱이. 화학 반응에 참여할 수 있는 가장 작은 성분이에요.
원자력 원자의 핵반응으로 얻는 에너지. 원자핵이 합쳐지는 것을 핵융합, 쪼개지는 것을 핵분열이라고 해요.
자기장 전기를 띤 알갱이들이 움직이거나, 전기장에 변화가 생기거나, 자성을 띤 물질의 전자가 회전할 때 생겨요. 자기장은 자석이나 전기를 띤 물체에 힘을 작용시켜요.
자외선 진동수가 가시광선 바로 위인 전자기파.
적외선 가시광선보다 진동수가 살짝 낮은 전자기파.
전자 원자의 일부로서 음전기를 띤 상태로 핵 둘레를 도는 작은 알갱이.
전자기력 전기적인 성질을 띠는 알갱이들 사이에 작용하는, 자연계의 기본적인 힘 가운데 하나예요.
전하 알갱이들이 띠고 있는 전기의 양. 음전하와 양전하가 있어요.
진동수 어떤 것이 일정 시간당 반복되는 횟수예요.
첨가제 어떤 물질에 보태어 그 물질의 성질을 개선하거나 바꾸는 물질.
축열기 열에너지를 저장해 두는 장치.
쿼크 원자를 구성하는 알갱이(원자보다 작은 모든 것들) 가운데 가장 작아요.

합금 어떤 금속에 다른 금속이나 비금속을 섞어 원하는 성질을 가진 재료를 만든 것. 구리, 납, 강철 등의 합금이 있어요.

핵 원자의 핵심 알맹이. 양성자와 중성자 같은 알갱이들로 이루어져 있어요.

힘의 이득 도구나 기계가 힘을 어느 정도나 키워 주는가를 말해요.

:: 찾아보기

ㄱ
감지기 22
강철 48, 50
광섬유 케이블 36, 74, 82
기어 10, 15, 40

ㄴ
나사 6, 10, 12
냉장고 22, 24, 32

ㄷ
도르래 18
돛 102
디지털 카메라 70

ㄹ
라디오 24, 26
랙과 피니언 14, 22
레이다 76
레이저 42, 80, 82, 88, 92
로봇 74, 96

ㅁ
마이크로칩 60, 62, 66, 70, 89
무선 통신 26, 74, 84

ㅂ
바코드 80, 88
바퀴 8, 10, 14, 15, 18
발전기 116, 120
베어링 15
변기 24, 38, 58
비료 56

ㅅ
사용자 인터페이스 66, 68
세라믹 54
송신기 26
수신기 26
스마트 재료 58
스마트 카드 89
시계 10, 40

ㅇ
아르키메데스 4
압축기 22, 32
연료 전지 119
왕복 엔진 104, 106, 119
용수철 20, 22
우주 로켓 78, 110, 112
우주복 74, 94
원자력 122

유압 장치 19
이온 엔진 112
인공위성 26, 36, 78
인쇄기 90
인터넷 70, 74, 82, 84, 86, 92
입자 가속기 98

ㅈ
자료 저장 42, 72
작동기 22
전구 24, **30**, 80
전동기 **114**, 116
전자레인지 24, **34**, 84
전지 78, **118**, 119
전화기 **36**, 84
제어 시스템 22
제트 엔진 **106**, 108, 110
종이 **46**, 90
지레 6, **16**
진동자 40

ㅊ
축 8, 12, **15**, 114

ㅋ
컴퓨터 **66**, 68, 72, 78, 86, 96

콘크리트 **48**, 50

ㅌ
태양 에너지 78, **120**
텔레비전 24, **28**, 58
트랜지스터 **62**, 66

ㅍ
폭약 57
플라스틱 **52**
플래시 메모리 72

ㅎ
회전 날개 **108**
휴대 전화 62, **64**, 70, 89, 118

숫자, A~Z
3D 프린터 **92**
CD 24, **42**, 66
DVD 24, **42**, 66, 114

굵은 글자로 표시된 숫자는 해당 캐릭터가 소개된 페이지입니다.